GEWOON DOEN!

Het levensverhaal van een jongetje dat zijn naam eer aan deed

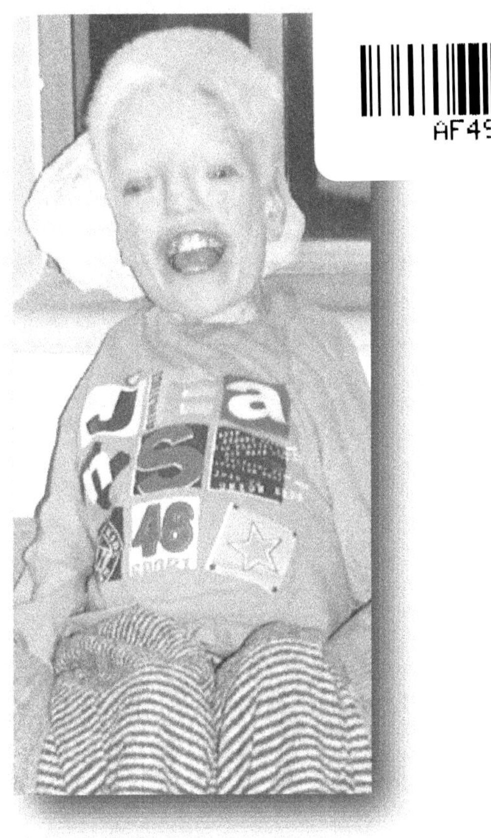

Petra van der Zande

ISBN 978-965-7542-47-7

Vormgeving: Petra van der Zande

"In dit leven maken we pijn en beproevingen mee, situaties die we niet kunnen veranderen. Er zit niets anders op dan ons door die situaties te laten veranderen."

Ron Lee Davis.

BESTEL INFORMATIE

Dit boek is verkrijgbaar via: www.lulu.com

Email: tsurtsinapublications@gmail.com

Website: www.tsurtsinapublications.com

Blog: http://nailtheacquirer.blogspot.com

Na'il, onze pleegzoon,
overleed heel plotseling op 4 februari 2009.
Hij werd veertien jaar.

"Wanneer wij onze pijn met anderen delen,
is het heel kostbaar
als dit hen helpt
te genezen."
Kristi Holl.

Het is ons gebed dat dit verhaal
- een viering van Na'ils leven -
tot troost, bemoediging
en inspiratie voor velen mag zijn.

Inhoudsopgave

1. Een hoopvolle toekomst 7
2. Er kan van alles gebeuren 12
3. Het pad volgen - wat er ook gebeurt! 15
4. Een huis, door God bereid 23
5. Nieuwe uitdagingen 29
6. Op de Nederlandse TV 34
7. Gods weg is de beste - altijd! 38
8. Een 'herboren' kind 49
9. Gezegende uitbreiding 55
10. Een nieuw begin 58
11. Vreugde is geen blijdschap 67
12. 'Eenvoudige' wonderen 78
13. Beproevingen en tijden van groei 85
14. Nog meer levenslessen 95
15. Adembenemende momenten 103
16. Een nieuwe school 113

Inhoudsopgave

17. Noden, verlangens en een nieuwe bediening 123

18. Donkere wolken van verdriet 134

19. Veilig in de armen van de Hemelse Vader 143

20. Sjiva zegeningen 151

21. *De Kleine Prins* 160

22. Rust vinden in God 165

De belangrijke reis van verdriet 168

Tien verdriet fasen 176

Verdriet gaat een lange weg 177

Het belang van een flinke huilbui 178

Een prachtig kind! 179

Literatuurlijst 181

Een bijzondere naam

Na'il betekent 'verwerver'.
Het betekent ook:
verkrijgen, door je eigen pogingen
of actie iets aanleren.

Zijn biologische ouders
hadden hem geen betere naam kunnen geven!

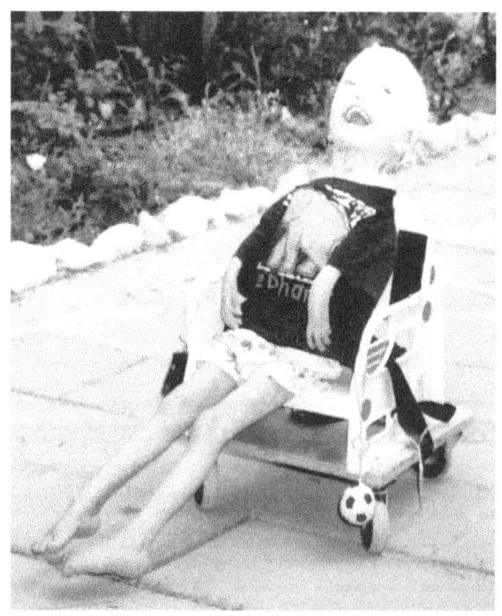

1

Een hoopvolle toekomst

"Ik immers, Ik ken de gedachten die Ik over u koester, spreekt de HEERE. Het zijn gedachten van vrede en niet van kwaad, namelijk om u toekomst en hoop te geven." Jeremia 29:11

"Israël? Wat kunnen we daar in vredesnaam doen?" riep ik uit, intussen denkend: dat irritante land! Deze uitroep van mij was een reactie op de opmerking van mijn man, Wim, dat hij het idee had dat God wilde dat wij Hem daar zouden gaan dienen.

Na ruim drie jaar als kosters in de Zuidwijk gemeente in Amsterdam gezwoegd te hebben, had ook ik het idee gekregen dat God ons aan het voorbereiden was op iets anders. Maar Israël? Geen denken aan!

"Heer, we zouden het geweldig vinden als we U konden dienen in een organisatie als *Open Doors,* of in een evangelische boekwinkel," bad ik. "Overal waar U maar wilt, maar niet naar Israël!"

Terwijl we baden om leiding en antwoorden, die maar uitbleven (zo dachten we), volgden we het verlangen van ons hart. En de HERE, in Zijn genade en goedertierenheid, liet ons gewoon dobberen. Wat we ook probeerden, alle deuren bleven potdicht.

Zes maanden later, verward en ontmoedigd, baden we wanhopig:

"Waar wilt U dat we heengaan, Heer?"

Opnieuw kreeg Wim 'Israël' op zijn hart. Deze keer besloten we te luisteren naar wat God ons de hele tijd had proberen te vertellen.

"Ok, Heer," zei ik, "als dit werkelijk van U is, dan moet U mijn hart veranderen en mij liefde voor die mensen geven."

Dat was precies het gebed dat God wilde horen. En natuurlijk beantwoordde Hij dat!

We begonnen de Bijbel met andere ogen te lezen en leerden over Gods plan met Zijn volk. Jesaja 40 sprak tot ons hart: "Troost, troost Mijn volk, zegt uw God." Innerlijk wisten we dat onze taak in Israël verbonden was met dat Bijbelvers.

Op een dag keek ik naar de *Sound of Music*, en kreeg kippenvel toen de Moeder-overste het lied *Climb every mountain* (beklim iedere berg) zong. Op dat moment wist ik in mijn hart dat we onze levenstaak in Israël zouden ontvangen – dat God daar een roeping voor ons had.

Juli 1989 werden we door onze gemeente uitgezegend, maar zonder financiële steun.

"De Here zal voorzien," stelde Wim me gerust. "Hij heeft het in het verleden gedaan, en zal het opnieuw doen. De Here zal onze roeping bevestigen."

1989 - op de ICAJ

We deden een stap in geloof en begonnen als vrijwilligers bij de Internationale Christelijke Ambassade Jeruzalem. Hun motto was Jesaja 40:1, en door de afdeling Sociale Hulpverlening (nu ICEJ-Aid) waren we vaak daadwerkelijk bezig Gods volk te bemoedigen. In de wetenschap dat we op de plaats waren waar God ons wilde hebben, genoten Wim en ik met volle teugen van ons nieuwe leven. Ondanks het feit dat de cultuur totaal anders was dan die van Nederland, voelden we ons thuis in het Beloofde Land.

In 1990 werd de oorlogsdreiging met Irak sterker. Israëli's en toeristen (waar wij toen onder vielen) kregen allemaal een gasmasker en instructies hoe je een 'veilige' kamer moest creëren. Het was een angstige tijd, niet alleen voor ons, maar ook voor onze familie in Nederland.

"Jullie komen toch wel naar huis, hè? Blijf alsjeblieft niet in Israël," pleitten ze.

"Nee sorry, dit is nu ons thuis. We willen niet vertrekken als er problemen komen. We blijven!" was ons antwoord.

De Golfoorlog begon in januari 1991.
Tijdens de ettelijke luchtalarmen zaten we te bibberen van angst in onze 'veilige' kamer, onzeker waar de volgende Scud raket (met of zonder gifgas) zou neerkomen.
Israëli's waren bemoedigd door het feit dat wij hier wilden blijven; ze waren verbaasd dat we hun zorgen en problemen wilden delen, en prezen ons dat we niet op het eerstvolgende vliegtuig naar Nederland sprongen.

Vlak voor het uitbreken van de oorlog, werd ik tijdens een avonddienst vreemd ontroerd door een moeder die haar arm om haar dochter sloeg. *Adoptie* flitste door mijn hoofd. Dat vond ik vreemd, want voor die tijd was onze kinderloosheid nooit een probleem geweest. *Waarom nu?* dacht ik. *Komt het omdat mijn vriendin zwanger is van haar eerste kind?*
Wim en ik baden ervoor, en tot onze grote verbazing kregen we de ene bevestiging na de andere, vaak vanuit de meest onverwachte hoeken.

"Het zou me niets verbazen als de Heer al een kind voor ons op 't oog heeft," zei Wim.
Maar wat voor kind? vroeg ik me af. *Een baby? Een ouder kind? Verstandelijk of lichamelijk gehandicapt, of beide?* Het enige wat we zeker wisten was dat we moesten uitzien naar een kind dat niemand wilde; een kostbaar mensenkind waarvoor wij 'Ambassadeurs van Liefde' konden zijn.

Ik schreef een brief naar het Alyn kinderziekenhuis, en tot onze grote verbazing werden we twee dagen later door een maatschappelijk werkster opgebeld: "Ik denk dat we een kind voor jullie hebben."

Sommige ouders kunnen niet accepteren dat hun baby gehandicapt is en in de tachtiger jaren gebeurde het regelmatig dat ongewenste kinderen in het ziekenhuis werden achtergelaten. In tegenstelling tot de biologische ouders hadden wij een keus - wij kozen bewust voor een gehandicapt kind.

Vol van vreugde, verwachting, hoop en geloof sprongen we meteen in het diepe.
Natuurlijk hadden we ook wel onze twijfels en ons Hebreeuws was minimaal. Hoe kunnen we ooit communiceren met een Hebreeuws sprekend vierjarig jongetje? vroeg ik me af.
Het duurde bijna een jaar voordat Moshiko bij ons mocht komen wonen. Het lichamelijk en emotioneel gehandicapte jongetje zette onze wereld op z'n kop. Verworpen na zijn geboorte, zette we op Moshiko's 'thuiskomst' kaart: December 1991, "Want mijn vader en moeder hebben mij verlaten, maar de HEERE zal mij aannemen." Psalm 27:10

Fahima (een vierjarig Bedoeïenen meisje) kwam precies een jaar later, in december 1992, bij ons gezin. Haar 'thuiskomst' kaart kreeg de tekst: "Vader van de wezen en Rechter van de weduwen: dát is God in Zijn heilige woning; een God Die eenzamen in een huisgezin plaatst."
Psalm 68:6

In 1994 deed Nadia, Fahima's nichtje, haar intrede. Het zevenjarige meisje was een grote uitdaging voor onze woongemeenschap. (In 1990 waren we dat samen een ander Nederlands echtpaar begonnen. Zij hadden inmiddels twee zoons.) Meervoudig gehandicapt en doof kon Nadia alleen maar schreeuwen en ze gedroeg zich als een wild paard. We leerden de basis van de Hebreeuwse gebarentaal, en gelukkig werd Nadia dankzij de dovenschool wat rustiger. Voor dit bijzondere meisje kregen we een belofte uit 1 Korinthe 1:27, 28:
"Maar het dwaze van de wereld heeft God uitverkoren om de wijzen te beschamen, en het zwakke van de wereld heeft God uitverkoren om het sterke te beschamen. En het onaanzienlijke van de wereld en het verachte heeft God uitverkoren, en wat niets is, om wat iets is teniet te doen."

Zonder dat we het in de gaten hadden, begon God ons speciale gezin te gebruiken om het Joodse volk te bemoedigen. Men was niet alleen verbaasd over de vooruitgang van de kinderen, maar ook hoe we het klaarspeelden met zo'n druk gezin.

"Zijn jullie soms christenen?" vroegen de Israëli's soms op de man af. "Dat kan haast niet anders," redeneerden ze.

"Wij zouden dit soort werk nooit willen of kunnen doen."
Ik voelde me altijd opgelaten als mensen ons engelen noemden.

"Dat zijn we absoluut niet," zei ik dan altijd. "God heeft dit op ons hart gelegd en Hij geeft ons de kracht daarvoor. Het is pure genade dat we dit kunnen doen."

In mei 1994, dezelfde maand dat Nadia bij ons kwam, werd in Jeruzalem een ander, bijzonder kind geboren - Na'il.
Het zou nog twee jaar duren voordat God het verlangen in ons hart legde om ons huis te openen voor nog een kind – het liefst een jongetje.

En zoals altijd, was Gods timing perfect!

2

"Voor een ding staat de toekomst garant: er kan van alles gebeuren!"

Het volgende verhaal is een reconstructie van hoe het gebeurd zou kunnen zijn. Arabische en moslimgebruiken zijn verweven met feiten die we later te horen kregen. Ter bescherming van de biologische familie heb ik fictieve namen gebruikt.

Arabieren en Bedoeïenen hebben het liefst dat bezittingen binnen de familie blijven. Daarom was het niet vreemd dat de 18-jarige Machmoed ging trouwen met zijn 13-jarige nichtje, Samiera. Op haar trouwdag verliet Samiera haar vaders huis in Hebron en trok in bij Machmoeds ouders, die in een dorpje niet ver van Jeruzalem woonden.

Toen een jaar later Faried werd geboren prees Machmoeds familie Samiera – ze had haar man een zoon geschonken! Het was de schoonmoeder die het kind moedertje leerde hoe ze voor haar baby moest zorgen. Een jaar later was Samiera opnieuw zwanger. Toen na een probleemloze zwangerschap de weeën begonnen, bracht Machmoed zijn vrouw naar een ziekenhuis in Jeruzalem.

Bevallen is vrouwenwerk, en de Islam verbiedt mannen om bij een geboorte aanwezig te zijn. Toen de baby geboren was, werd het doodstil in de verloskamer. Een verpleegkundige gooide meteen een doek over de baby en nam het snel mee naar een zijkamer.

Samiera sprak geen Hebreeuws en wist niet wat er aan de hand was. Niemand vertelde haar iets en ze vroeg zich af of de baby misschien gestorven was. Maar ze had een klaaglijk geluidje gehoord. De angst sloeg de zestienjarige moeder om het hart toen een Arabisch sprekende verpleegkundige haar eindelijk vertelde dat ze een mismaakt kind gekregen had.

Na'il had een combinatie van twee zeldzame syndromen - Klein-Waardenburg. Hij had een mismaakt gezichtje, geen schouders en, omdat hij weinig spieren had, een heel mager lijfje.
Een paar weken later zei de arts tegen de verontruste ouders dat ze hun zoontje mee naar huis konden nemen. Met tegenzin nam Samiera 'Allahs vloek' in haar armen.

De vrouwen uit de buurt waren nieuwsgierig naar de baby waar iedereen over fluisterde. Diegenen die het waagden te kijken draaiden meteen geschrokken, ontzet of vol afschuw hun hoofd om. Faried echter hield van zijn kleine broertje dat onafgebroken huilde.

Samiera ging gebukt onder het gevoel van schaamte; op straat werd ze nagestaard en er werd over haar gefluisterd. Omdat ze de vernedering niet meer aankon, dekte ze Na'il toe als ze met hem naar de dokter moest. Met weerzin hield ze haar baby vast, zodat het kind zijn dagen grotendeels doorbracht op een matras in een donkere kamer. Daar lag hij dan, zijn magere beentjes opgetrokken in foetushouding.

Zo gingen er twee jaar voorbij. Vanwege het goedkope babyvoedsel groeide Na'il niet veel en hij leerde niet te zitten of te lopen. Hij bleef maar op de vloer liggen, altijd in dezelfde houding, waardoor zijn beentjes vergroeiden.
Opgesloten in zijn donkere en stille wereld (hij was ook doof), kon Na'il zijn ongenoegen alleen maar uiten door constant te huilen. Samiera werd er gek van. Slaan maakte het alleen maar erger.

Toen kwam de dag dat zijn ouders Na'il voor een veel te lang uitgesteld onderzoek naar het Alyn ziekenhuis in Jeruzalem brachten. De geschrokken dokter keek naar het constant huilende, onderontwikkelde en verwaarloosde kindje. Na'il schreeuwde toen zij het gezwollen onderbeentje aanraakte.

"Wat is er gebeurd?" vroeg ze aan de vader.

Machmoed keek naar zijn vrouw, die haar schouders ophaalde.

"Zijn been is gebroken," zei de dokter. "Na'il moet hier blijven. Hij heeft intensieve behandeling en zorg nodig."

Niet alleen onderging Na'il verschillende operaties, maar hij mocht ook naar de peutergroep in het ziekenhuis. Langzaam maar zeker begon zijn leven ten goede te keren.

Opnieuw zwanger, kon Samiera de problemen, die ze alleen het hoofd moest bieden, niet langer aan. "Zoek maar een plek in een tehuis voor Na'il," zei ze tegen de maatschappelijk werkster, "ik wil hem niet langer."

Maar God had een plan met Na'ils leven. Eerst was er de dokter - zij had Na'ils leven gered van een zekere dood door hem in Alyn te laten opnemen. Toen kwam Koos, de Nederlandse fysiotherapeut, die na de operaties met Na'il werkte. Vanaf het moment dat hij hem zag, wist hij dat het een bijzonder kind was, met groot potentieel. De derde persoon die een belangrijke rol in Na'ils leven speelde was de maatschappelijk werkster. Zij geloofde niet dat hij thuishoorde in Sint Vincent, een tehuis voor 'hopeloze gevallen', en ging naarstig op zoek naar een pleeggezin.

"Waar vind ik een gezin dat een kindje als Na'il wil opnemen?" vroeg ze aan een collega.

"Probeer Wim en Petra eens," stelde de collega voor. "Misschien kennen zij wel andere christelijke gezinnen die ook bereid zijn pleegouders te worden."

3

Het pad volgen ~ wat er ook gebeurt!

***"Er komt een tijd dat de stem in je binnenste tot je zal spreken:
Dit is mijn weg. Hier zal ik vrede vinden.
Ik zal dit pad volgen, wat er ook gebeurt."***
W.E.Sangster

Pleegzorg voor drie meervoudig-gehandicapte kinderen was niet gemakkelijk. Kleine en grote offers hoorden bij de fulltime baan: 24 uur per dag en 7 dagen in de week! Het was echter een door God-gegeven bediening die veel voldoening gaf, en die zowel goede als slechte dagen kende. Twee opbloeiende Bedoeïenen meisjes en een Joods jongetje – wat meer konden we ons wensen? Nog een jongetje misschien?

Wim en ik waren al een tijd bezig met een vierde kind, maar iedere keer als we dachten dat er een deur openging, knalde deze voor onze neus dicht. "Heer," baden we, "U kent onze harten. Breng alstublieft het juiste kind bij ons."

Begin 1997 begon het verlangen naar nog een kindje erbij intenser te worden. Doordat er geen pleegkinderen op onze wegkwamen, vroeg ik me af: *Misschien moeten we deze keer toch adopteren?*

Donderdag 26 juni.

"Vandaag ga ik de maatschappelijk werkster bellen en haar zeggen dat we een kindje willen adopteren," deelde ik Wim die ochtend mee.

Voordat ik echter de kans had contact op te nemen met haar, veranderde ons leven door een telefoontje. "Weten jullie misschien een pleeggezin voor een driejarig gehandicapt Arabisch jongetje?" vroeg de maatschappelijk werkster van Alyn.

"Ja! Wij!" riep ik uit.

De verbaasde vrouw vertelde me wat meer over het kindje.

“Ik bel je zo spoedig mogelijk terug,” beloofde ik.
Wim was niet eens verbaasd, want de dag daarvoor was hij geraakt toen hij iemand zag met een T-shirt van Nike met de slogan "*Just Do It!*" (Gewoon doen.) “Gewoon doen, Petra!” was zijn antwoord.

Een paar uur later vertelde de maatschappelijk werkster ons wat meer over het jongetje: “Testen hebben uitgewezen dat zijn huidige ontwikkeling gelijk is aan dat van een baby van vier maanden oud,” begon ze, “maar iedereen gelooft dat hij geweldig potentieel heeft.”
Ze hoefde ons niet te overtuigen, we wilden hem zonder meer in ons gezin opnemen. Opgewonden volgden Wim en ik de maatschappelijk werkster naar de *Maon*, het peuterdagverblijf van het ziekenhuis.
In het zaaltje stonden kleurrijke bedjes langs de muur opgesteld en ik zag een jonge Arabische vrouw op een matras zitten. Een paar kindertjes zaten in speciale stoeltjes, anderen speelden op de vinyl vloer. Een van hen was een klein, witharig jongetje, dat passief op zijn zij in de ruimte lag te staren. Voordat we het zaaltje binnengingen had de maatschappelijk werkster ons gewaarschuwd: “De eerste keer dat je Na’il ziet zal je schrikken.”

25 juni, 1997 - de eerste keer dat we Na'il zagen

Ze had gelijk. We ervoeren een korte schok, maar toen we verder keken dan het vreemde gezichtje met blauwe ogen en de extreem dunne armpjes met kleine, klauwvorige handjes, zagen we een hulpeloos kind dat tedere, liefdevolle zorg nodig had. Bewogenheid vulde onze harten en ogen tot overvloeiens toe.
Het was maar een kort bezoekje. De Arabische vrouw, die Na’ils moeder bleek te zijn, groette ons in gebroken Hebreeuws, gaf ons een

hand en nam haar zoontje mee naar huis. Wim en ik haalden onze andere kinderen op uit de Alyn school en probeerden hen voor te bereiden op de komst van een nieuw 'broertje'.

Voor ons gevoel duurde het eeuwen voordat we op zondag het gesprek met Widad, Na'ils maatschappelijk werkster, konden hebben. "Ik zal de administratieve molen in werking zetten," beloofde zij.

"Kun je alsjeblieft ook het ministerie van Sociale Zaken in kennis stellen?" vroeg ik. "Zij moeten toestemming geven voor een vierde kind in ons pleeggezin."

"Geen probleem, ik zal er voor zorgen."

Er volgde een hectische week, vol met slotfeesten van school en het begin van het zomerprogramma. Voor Fahima waren er geen activiteiten, dus gingen we samen iedere morgen naar de *Maon* om een tijdje bij Na'il te zijn. Het was geweldig om te zien hoe toegewijd de staf met de heel jonge, ernstig gehandicapte kinderen werkte.

Vier dagen later kwam Widad naar me toe. "Samiera vraagt of jullie Na'il dit weekend al mee naar huis kunnen nemen. Ze willen familie bezoeken en hebben er geen zin in om Na'il mee te nemen." Ze keek me weifelend aan. "Zouden jullie dat willen?"

Wat een vraag! Natuurlijk wilden we hem mee naar huis nemen!

Om dat Na'il doof was en de gebarentaal (nog) niet begreep, konden we hem niet voorbereiden op zijn logeerpartij. Het feit dat hij met vreemden meeging leek voor hem echter geen probleem te zijn. Ons nieuwe gezinslid kreeg een 'nat' welkom – de honden dansten, huilden en likten zijn gezicht. En het jongetje lachte!

Na zijn middagslaapje werd Na'il chagrijnig wakker.

"Misschien heeft hij honger?"

Maar Na'il weigerde zijn fles.

"Ik neem hem wel even mee voor een ommetje met de honden."

Wim kwam thuis met een totaal ander kind. Alles was zo nieuw en opwindend voor hem geweest: de bomen, de wolken, zelfs de wind in zijn gezicht. Geen wonder, want die simpele pleziertjes waren hem altijd onthouden.

Een 'nat' welkom van de honden

Liggend op zijn rug onderzocht het jongetje het hele huis, kieperde prullenmanden om en bekeek alles waar hij met zijn voeten bij kon komen. De andere kinderen gingen leuk met hem om en hij leek van hun aandacht te genieten.

Het was bedtijd. Wat we ook probeerden, hij bleef huilen en weigerde te gaan slapen. We werden er een beetje wanhopig van.

"Misschien helpt het als ik een eindje met hem ga rijden in de auto," stelde Wim rond middernacht voor. In het begin vond Na'il dat ook heel erg opwindend, maar nadat Wim een half uur rondgereden had, viel hij eindelijk in slaap. Hij werd gelukkig niet wakker toen ik hem thuis in bed legde.

Sjabbat (zaterdag)- het was alsof hij altijd al bij ons geweest was! Na'il paste perfect in ons gezin.

"Dit keer geen nachtlampje!" zei ik de volgende avond tegen Wim. Nadat Na'il tien minuten gehuild had, viel hij als een blok in slaap en hij sliep tot de volgende morgen zes uur.

In Israël is de zondag een normale werkdag en we moesten Na'il naar de Maon en zijn biologische ouders terugbrengen. Ik zag er als een berg tegen op. Het huis voelde leeg zonder het nieuwsgierige mannetje.

Het bleek een grote uitdaging te zijn om geschikte, passende kleren in een babymaatje voor Na'il te kopen. En wat voor speelgoed geef je een kind dat in plaats van zijn handen, alleen zijn voeten gebruikte?

Onze andere kinderen waren al een paar jaar ouder toen ze bij ons kwamen en ik had er geen idee van wat Na'il leuk vond.
Vol trots liet ik in Alyn de foto's zien die we van Na'ils eerste bezoekje gemaakt hadden. We merkten dat de mensen die hem kenden, allemaal gek op hem waren.

"Hij is zo'n bijzonder kind!" kregen we constant te horen.

Toen bekend werd dat we ook hem als pleegkind hoopten op te nemen in ons gezin, reageerde iedereen positief en enthousiast.

Namens Samiera vroeg Widad opnieuw of we Na'il het weekend wilden hebben. "Weet je het zeker?" Widad vroeg zich waarschijnlijk af of we het eerste bezoek wel overleefd hadden.

"Natuurlijk! We vinden geweldig!"

Omdat Arabieren op vrijdag hun vrije dag hebben, namen we Na'il al op donderdagmiddag mee naar huis.

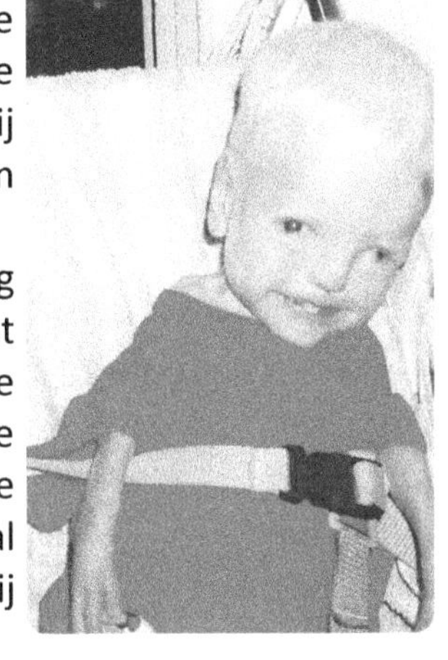

Hij grinnikte toen Fahima gek deed en toonde zijn opwinding door met zijn armpjes te 'fladderen'. Hij werd helemaal blij toen hij doorkreeg dat hij in bad mocht – dit werd zijn favoriete bezigheid.

We ontdekten dat Na'il met van alles en nog wat speelde – van keukenspullen tot kartonnen dozen, behalve met speelgoed. De schommel in de tuin, de ommetjes in de wandelwagen, op schoot zittend in de schommelstoel – hij vond het allemaal geweldig. En van achter de hordeur kon hij nog steeds de lucht en de bomen zien.

Ook al ontweek hij oogcontact, hij zegende ons vaak met een verlegen lachje. Zonder het nachtlampje viel Na'il in slaap na een korte huilbui. We waren heel dankbaar dat Jeruzalem-bij-nacht tot het verleden behoorde.

Met pijn in mijn hart bracht ik hem die zondagmorgen weer terug naar Alyn. Toen ik 's middags terugkwam om de andere kinderen op te halen, zat Na'il in zijn autostoel te wachten om door het busje naar huis gebracht te worden. Hij kon niets zeggen, maar ik zag hem met intens trieste ogen stilletjes naar ons kijken. *Hij begrijpt dat hij niet met ons meegaat!* Mijn hart huilde voor hem.

Vergeleken met onze andere pleegkinderen, ging het hele proces met Na'il razendsnel. Ondanks dat, moesten we toch geduld oefenen en moest Na'il nu evengoed de pijn verwerken dat hij niet met ons mee naar huis kon. Maar God was het kleine kereltje genadig en hij hoefde gelukkig niet al te lang te lijden.

We waren al van plan om eind juli op vakantie naar Netanja te gaan. Mijn vrijmoedige verzoek of Na'il ook mee mocht werd goedgekeurd, en we hadden een heerlijke week. Het zwembad bij de flat werd zijn favoriete uitje. Als hij niet in het water was, of op het gras lag te rollen, vond hij het heerlijk om in de wandelwagen te zitten en alleen maar te kijken. Om zijn witte (albino) huid tegen de brandende zon te beschermen hadden we de wandelwagen onder een parasol gezet die wapperde in de wind. Zijn liefde voor paraplu's dateert waarschijnlijk van die vakantie.

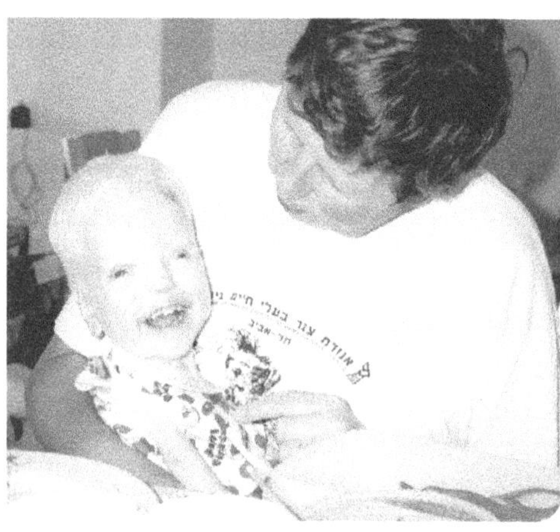

Mijn hart maakte een sprongetje als Na'il grijnsde, of wanneer hij schaterde als Wim hem op zijn buik kietelde.

Doordat hij zijn hele leven in een horizontale positie had gelegen vond de dokter dat het tijd werd dat Na'il rechtop een stoel te zitten – iets wat heel moeilijk voor hem was. Drie keer per dag zat Wim naast hem op de vloer in een poging om hem af te leiden met spelletjes en activiteiten. Die twintig minuten leken niet om te komen!

De week in Netanja was alweer bijna voorbij. *Moet hij nu weer terug naar zijn biologische ouders?*, vroeg ik me bezorgd af. We hielden van het kereltje en hij paste perfect in ons gezin. *Heen en weer geslingerd te worden tussen ons en zijn ouders kan hij emotioneel nooit aan!*

Ik had me geen zorgen hoeven maken want de 24[e] juli bleek de dag te zijn dat Na'il voorgoed bij ons thuiskwam!
Zoals we met de andere kinderen hadden gedaan, kozen we ook voor Na'il een passende bijbeltekst. Het was als een gebed voor zijn nieuwe leven bij ons:

> ***"Ik zal u de jaren vergoeden die de veldsprinkhaan, de jonge sprinkhaan, de zwermsprinkhaan en de treksprinkhaan hebben opgegeten."*** *Joël 2:25*

In augustus brachten we tien heerlijke dagen door op kibboets Kfar HaNassi, ten noorden van het meer van Galilea. De kibboetskinderen waren op een positieve manier nieuwsgierig naar het vreemde jongetje. Na'il voelde zich geaccepteerd en tot onze opluchting en verbazing, reageerde hij heel leuk op hen.

Doordat zelfs de kleinste rolstoel te groot voor Na'il was hadden we een andere manier gevonden om hem van de grond te krijgen – een stoelverhoger op een plank met vier wielen gaf hem meer mobiliteit. Het was de perfecte en goedkoopste oplossing, waardoor hij (veilig, dachten we) zijn omgeving thuis en nu ook in de kibboets kon verkennen. Op een morgen vond ik hem gekanteld in de bosjes. De 'scooter', zoals we het karretje noemden, was van het pad geschoten en daar lag hij geduldig te wachten tot iemand hem kwam redden uit zijn hachelijke positie.

’s Morgens vroeg begonnen de watersproeiers bij de grasstrook die voor de huisjes lag.
We wisten dat Na’il verzot was op water, maar konden onze ogen niet geloven toen we zagen dat hij zichzelf op het gras duwde en daarna precies in de waterstraal ging zitten. Hij had de tijd van zijn leven!

We aten altijd in de eetzaal van de kibboets en dit bleek de enige plek te zijn waar Na’il niet van hield. Hij wilde niet opgesloten zitten. We probeerden hem bezig te houden door van plastic blokken torentjes te bouwen, die hij dan met zijn hoofd omkieperde. De kibboetsniks lachten met ons mee om het plezier van dit bijzondere ventje.
We keerden naar Jeruzalem terug met vele kostbare herinneringen aan die eerste kibboets vakantie met Na’il!

Ons huis kwam een slaapkamer tekort en omdat Na’il een eigen plekje moest hebben bouwde ik het halve huis om. Tot die tijd sliep Na’il in een campingbedje naast ons bed, en zodra hij ons rond 06.00 uur zag bewegen, wilde hij natuurlijk ook uit bed. Omdat we wilden dat hij vroeger ging slapen, in plaats van ons tot 23.00 uur wakker te houden, bouwden we zijn middagslaapjes af.

Een grotere auto werd ook noodzakelijk – vier kinderen in autostoelen liet geen ruimte over een tweede volwassene. De Heer wist wat we nodig hadden en we vertrouwden erop dat Hij zou voorzien.

4

Een huis door God bereid

"Ik dank U dat ik mag wonen in het huis dat U heeft bereid..."

1 september, het begin van het nieuwe Israëlische schooljaar. Na'il was oud genoeg om overgeplaatst te worden naar Shula's *gan* (kleuterklas). Deze bijzondere vrouw had onze drie andere kinderen ook les gegeven; het leek wel of zij de meest moeilijke kinderen onder haar hoede kreeg.

Samiera leek haar zoontje helemaal niet te missen. Na'il was op basis van een mondelinge overeenkomst tussen Alyn, onszelf en de biologische ouders bij ons komen wonen.
Wij waren ervan uitgegaan dat Widad de bureaucratische kant van de zaak had geregeld, maar dat bleek niet het geval te zijn. Sociale Zaken was furieus dat we nog een kind in huis hadden genomen. Het was nog nooit voorgekomen dat een pleeggezin vier meervoudig gehandicapte kinderen verzorgde en er werd een speciale bijeenkomst belegd op 8 september.
Vanwege het feit dat Na'il al geruime tijd bij ons woonde en helemaal gesetteld was, besloten ze om hem niet uit huis te halen. Dit keer werden de administratieve molens op de juiste manier in werking gezet zodat de pleegzorg officieel werd.

Het duurde wel een tijdje voordat Na'il zich in Shula's *gan* thuis begon te voelen. De staf stond verbaasd en was enthousiast over de veranderingen in het vroeger zo ongelukkige jongetje dat ze nog kenden van de *Maon.* Hij lachte meer, maakte 'babygeluidjes en was constant op of onder weg - hij was bezig zijn schade in te halen!
Op een dag ontmoette ik een religieuze arts die Na'il als baby gekend had. "Weet je," begon hij, "iedere keer als ik hem zie, vraag ik God om jullie te zegenen. Jullie hebben zo'n verschil in zijn leven gemaakt." Hij schudde zijn hoofd. "Ik kan er gewoon niet over uit hoe hij veranderd is!"

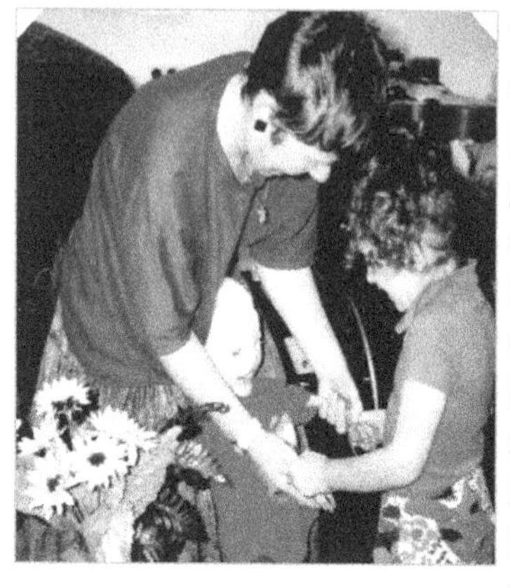

Toen we Na'il beter leerden kennen, ontdekten we dat hij een heel oplettend kind was. We konden hem niet voor de gek houden door bijvoorbeeld iets anders in zijn drinkfles te stoppen – dat had hij meteen in de gaten en weigerde dan te drinken.
Het pientere ventje observeerde stilletjes een situatie en ging dan bedachtzaam aan het werk. Meestal lukte het hem te doen wat hij in gedachten had. Een paraplu was zijn favoriete 'speelgoed'. Verder speelde hij zoals gezegd met van alles en nog wat, behalve met speelgoed.

De school was een week gesloten tijdens de Sukkot vakantie (Loofhuttenfeest). Voor Wim was het internationale congres dat er dan altijd was, de drukste tijd van het jaar. De kinderen vonden het heerlijk om in de lange gangen van het congresgebouw rond te dolen. Helemaal geweldig vonden ze de ruimte waar allerlei stands opgesteld stonden, want er waren altijd wel verkopers die medelijden met de kinderen hadden en hen allerlei cadeautjes toestopten. Omdat ik meehielp in de stand van de Sociale Hulpverlening, zat Na'il meestal 'opgesloten' in de ruimte achter de stand. Maar zodra hij een gaatje zag, smeerde hij 'm. Als hij niet op z'n scooter zat, dan deed hij het op z'n rug.

10 november was een gedenkwaardige dag – onze maatschappelijk werkster bracht ons het blijde nieuws dat Na'il nu officieel onze pleegzoon was! Eindelijk ontvingen we nu ook de broodnodige financiële vergoeding voor hem, net zoals voor onze andere kinderen. God zorgde voor ons en de kleine Na'il was zo'n vreugde en zegen!

We hoefden niet persé te verhuizen, maar we hadden wel altijd gezegd dat als de Here God iets beters voor ons had, en het werd ons aangeboden, we geen 'nee' zouden zeggen. Zo gebeurde het dus dat we in november naar een zes-kamer woning verhuisden die ons was aangeboden door de Duitse afdeling van de ICAJ. Ramat Denia, de wijk aan de andere kant van de vallei waar we woonden, was nog steeds dichtbij de scholen, onze bank, het zorgcentrum en de bus die Wim naar zijn werk moest nemen.

Na'il reed op zijn 'scooter' heen en weer in de ruime benedenverdieping. De honden – die ook deel uitmaakten van ons gezin - woonden nu op het ommuurde terras en bij mooi weer stonden de schuifdeuren van de huiskamer meestal open. Als de honden eten kregen, hield ik Na'il altijd goed in de gaten, maar op een goede dag kwam hij te dicht bij de voerbak van onze mannetjeshond. Het kleine kereltje vond het grappig dat hij in z'n wang gebeten werd en moest er hard om lachen. Ik vond het beduidend minder grappig en, bang voor een infectie, bracht ik Na'il naar de Eerste Hulp van het Hadassa ziekenhuis. Na'il vond al die medische apparatuur prachtig, en werd helemaal enthousiast bij het zien van zoveel artsen en verpleegkundigen. Zelfs de tetanusinjectie vond hij geweldig!

Een van de regels van pleegzorg is dat het kind zijn biologische ouders regelmatig moet bezoeken. Dit betekende dat Na'il een keer per maand een lang weekend bij hen moest doorbrengen. Vlakbij het hoofdpostkantoor op de Jaffa Straat, een centraal punt voor ons allemaal, namen we afscheid nemen van een jongetje dat we niet hadden kunnen voorbereiden op wat komen ging. Terwijl beide auto's naast elkaar voor het stoplicht stonden te wachten zag ik Na'il op de schoot van zijn moeder zitten. Mijn hart brak toen ik de hopeloze blik in zijn ogen zag. *Hij denkt waarschijnlijk dat hij voorgoed naar hen teruggaat,* flitste door mij heen.
Ik had een vreselijk weekend, was bang dat er iets met hem zou gebeuren, en voelde me berooid van onze kleine, hulpeloze jongen die ik zo vreselijk graag wilde beschermen. We baden dat Gods engelen een oogje op hem zouden houden en hem veilig naar ons zouden terugbrengen.
Na'il was zo blij toen hij weer veilig thuis was! Een paar dagen later werd hij ziek en in de loop van de tijd begonnen we een patroon te herkennen: zowel emotioneel als lichamelijk betaalde Na'il (en wij ook) een hoge prijs voor een bezoek aan zijn biologische familie.

Het jaar 1998 begon met zware sneeuwval. De onbegaanbare wegen maakten autorijden levensgevaarlijk en iedereen werd aangeraden thuis te blijven, zodat de hulporganisaties hun werk konden doen. De kinderen vonden dat winter wonderland prachtig. De scholen waren gesloten, en de kinderen smeekten ons hen mee naar buiten te nemen, zodat ze in de sneeuw konden spelen. Na een koude en heel moeizame wandeling moesten ze toegeven dat het leuker was om de sneeuw vanuit een warm huis te bekijken. Wim bouwde vier sneeuwpoppen en Na'il was boos toen ik hem mee naar binnen nam omdat het buiten veel te koud werd.

Een paar dagen later begon de sneeuw te smelten. Hij manoeuvreerde zijn scooter tot onder het druipende dak en werd drijfnat. Het warme bad daarna was dubbel genot!

We hadden al plannen gemaakt om in april met het hele gezin naar Nederland te gaan, dus moesten we nu achter reispapieren voor Na'il aan. In maart gingen we met zijn moeder naar het bevolkingsregister. Een van de beambten kreeg medelijden met het onrustige kereltje dat actie wilde en niet vast wilde zitten in een wandelwagen. Ze loodste ons langs de rij wachtende mensen en niet lang daarna hielden we Na'ils *laissez-passé* (uitreisvisum) in handen.

Onze andere kinderen waren Israëlische staatsburgers en zodoende hadden we voor hen nooit visa nodig gehad voor Nederland. Maar deze keer herinnerde het reisbureau ons er een paar weken voor ons vertrek aan dat Na'il te boek stond als Jordaans staatsburger. (Hij was geboren op Israëls Westelijke Jordaan Oever.) Dat betekende dat hij een visum nodig had. We namen Na'il mee naar de Nederlandse Ambassade in Tel Aviv waar we hoorden dat een aanvraag minstens twee weken zou duren, vanwege het veiligheidsonderzoek.

(Jaaha, want ook een gehandicapt kind kan een terrorist zijn...!) Maar dankzij de tussenkomst van de Nederlandse ambassadeur hadden we het visum in recordtijd binnen!
De vlucht naar Nederland op 31 maart leek wel een militaire operatie. Ik vroeg me bezorgd af hoe Na'il zich zou houden op de 4,5 uur durende vlucht. Maar zodra we in de lucht waren, viel hij in zijn autozitje in slaap en hij werd pas wakker toen we geland waren!
Luchthavenpersoneel hielp ons met alle koffers en de kinderen en leverde ons keurig af in de open armen van de wachtende familieleden. Drie weken logeerden we in onze voormalige kosterswoning boven de kerk. Alle opwinding en veranderingen werden Na'il opeens een beetje te veel, en ik was bezorgd omdat hij minder begon te eten. We pasten ons (volle) programma wat aan en dat bleek voor iedereen beter te zijn.

Een Nederlands vriendinnetje

Met meer dan 120 kilobagage kwamen we op Schiphol aan voor de terugreis, en tot mijn grote opluchting herkende een El Al veiligheidsagente ons van twee jaar daarvoor.
Terwijl we op het vertraagde vliegtuig wachtten, speelden onze

Geduldig wachtend tot Wim alle domino stenen op een rijtje had gezet, daarna mocht Na'il de eerste een zacht tikkie geven, waarna de hele slinger omviel.
Het hoogtepunt van zijn dag was dat!

kinderen met de andere Israëlische kinderen in de ruime wachthal.
Ik was bang om de in zijn scooter rondracende Na'il kwijt te raken, en moest constant achter het nieuwsgierige kereltje aanrennen. Eindelijk was het tijd om aan boord te gaan.

"Business class? Nee hoor, dat is fout," zei ik tegen de stewardess.

"Het hoofd van El Al security heeft jullie opgewaardeerd," zei ze lachend.

Opnieuw werden we vanwege de kinderen gezegend! We gingen zitten in de ruime stoelen en net als op de heenreis, viel Na'il in slaap zodra we in de lucht waren.

Veilig terug in Jeruzalem stopten we de kinderen meteen in bed, waar ze al snel in een diepe slaap vielen. Dat is te zeggen iedereen, behalve Na'il. Hij vond dat hij genoeg geslapen had, was opgewonden weer thuis te zijn, en wilde actie. Voor hem maakte het niet uit dat het midden in de nacht was!

Onze familie op Ben Gurion Airport

5

Nieuwe uitdagingen overwinnen

Toen we weggingen was het winter, maar we kwamen terug in een hittegolf! Vanwege Onafhankelijkheidsdag en allerlei nationale gedenkdagen ging Na'il naar school in een wit T-shirt en blauwe broek. Zodra het 'sein veilig' van het luchtalarm klonk werd een minuut stilte in acht werd genomen om de gevallen soldaten te herdenken. Door het hele land woonden in het witblauw geklede schoolkinderen speciale bijeenkomsten bij. Zodra het donker was, begonnen de feestelijkheden voor Onafhankelijkheidsdag. Dit jaar was extra groots, omdat het Israëls 50^{e} verjaardag was - een halve eeuw van wonderen!

Meer feestelijkheden volgden. Na'il werd op 27 mei vier jaar, maar vanwege alle schoolactiviteiten rondom *Shavuot* (Pinksteren) en het bezoek aan zijn ouders, werd zijn verjaardag pas in juni gevierd. Doordat Arabieren doorgaans geen verjaardagen vieren, had hij er toch geen flauw idee van wat een verjaardag was. Zijn biologische ouders leken het ook te zijn vergeten, want toen zij hem ophaalden voor een lang weekend, werd er met geen woord over gerept.

Het hele *Sjavuot* weekend maakte ik me erge zorgen over Na'ils welzijn. We hoopten van harte dat dit zijn laatste lange weekend zou worden. De maatschappelijk werkster had beloofd een oplossing te zoeken die voor het kind het beste was, los van wat er volgens de wet moest gebeuren. Toen hij weer veilig thuis was, racete Na'il lachend en stralend eerst een half uur door het huis. We hadden hem nog nooit zo blij gezien, en waren dankbaar dat ons kostbare kind weer heelhuids thuis was. We hadden hem vreselijk gemist!

Op school werd Na'ils verjaardag gevierd met spelletjes, ballonnen, kaarsjes en dansen. Het hoogtepunt kwam toen hij door ons werd opgetild: een, twee, drie, vier.... en een extra keertje voor het nieuwe jaar. Na'il kon er geen genoeg van krijgen. Het was zo fijn om deze bijzondere kindertjes wat extra blijdschap in hun leven te kunnen geven.

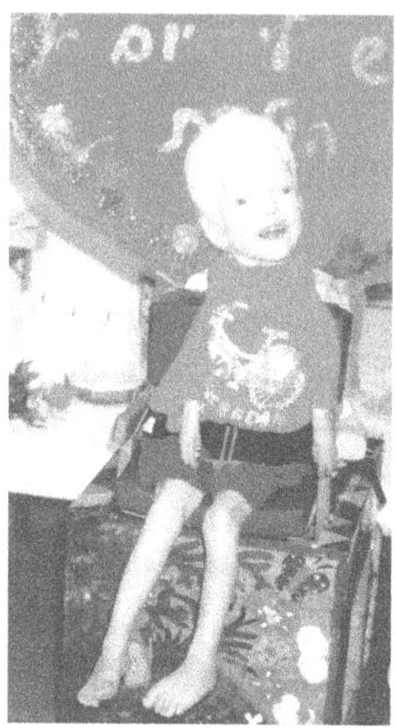

Zijn gedrag begon ten goede te veranderen. Iedere dag zat de klassen-assistente met hem achter de computer. Hij weigerde om vloerpuzzels te maken (met zijn voeten), maar toen hem gevraagd werd een legpuzzel op de computer te maken, deed hij dit foutloos. De staf was sprakeloos.

Na'il was niet zo enthousiast tijdens de aanmeting van een gehoor-apparaat. Ook de gehoortest was geen succes. Wat hij wel leuk vond was een schoolreisje naar een kibboets. Omdat ze naast de één-op-één begeleiding extra handen nodig hadden, ging ik mee als vrijwilligster. Ik was dankbaar dat het niet al te warm was. Doordat ook ik een lichte huid heb, konden Na'il en ik niet al te veel zon hebben.

In Alyn werkten ze niet alleen aan zijn mentale ontwikkeling, maar ook aan zijn lichamelijke vooruitgang. Na'il leerde een looprek te gebruiken en slaagde er in om drie meter te lopen! Voor hem moet dat als een marathon geweest zijn – wat een inspanning!

We kochten voor thuis ook een looprekje. Terwijl Wim op de bank een dutje aan het doen was bracht Na'il eerst zijn schoenen naar *abba* (papa), waarna hij, zittend in zijn scooter, het looprekje achter

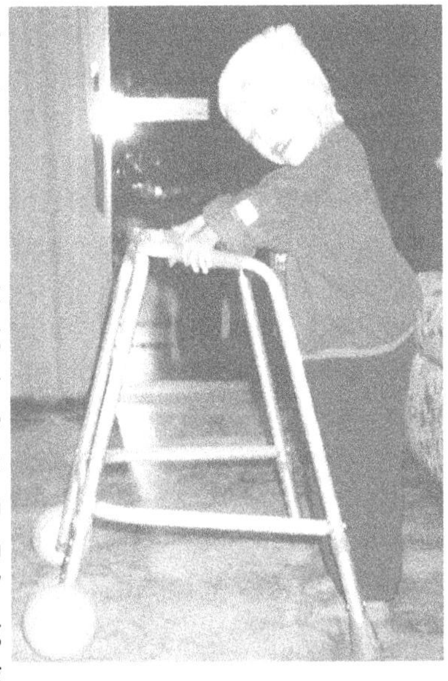

zich aantrok. Lachend van oor tot oor ging hij toen bij Wim op de bank zitten, hopend dat die de hint zou begrijpen. Wie kan er zo'n kind dan weigeren?

Eind juni kregen we van het ziekenfonds eindelijk toestemming voor Na'ils achterstallige tandheelkundige behandeling. Onder volledige narcose kreeg hij in plaats van zijn verrotte voortanden twee kronen, en de rest werd óf getrokken óf van vullingen voorzien. Na de 'operatie' kwam hij op de dagbehandeling terecht, waar in de loop van de dag iedereen ontslagen werd, behalve Na'il. Hij had blijkbaar veel bloed ingeslikt, waardoor hij erg misselijk bleef, en hij weigerde zijn oplosmelk te drinken.

"Ik kan hem alleen ontslaan als hij water begint te drinken," zei de dokter.

"Maar hij drinkt geen water, alleen melk," protesteerde ik. Omdat ik zo graag naar huis wilde, dwong ik Na'il te drinken. En prompt begon hij natuurlijk te spugen – allemaal geronnen bloed.

"Sorry, maar jullie zullen vannacht in het ziekenhuis moeten blijven," zei de verpleegkundige.

Met dit scenario had ik natuurlijk helemaal geen rekening gehouden. Er zat niets anders op. Op de kinderafdeling bracht ik een ellendige nacht door op een matras naast Na'ils kinderbed. Hij sliep als een roos!

Gelukkig dronk hij de volgende morgen gretig uit zijn fles, spuugde niet meer, en we mochten naar huis! Na'il liet aan iedereen zijn mooie nieuwe voortanden zien!

Doordat we bij de Nationale Verzekering Bank een aanvraag voor een grotere auto hadden lopen, moesten we voor een medisch comité verschijnen - in Tel Aviv!

De smalle gang zat vol met wachtende mensen die daar om dezelfde reden naar toe waren gekomen. Na'il racete heen en weer in zijn scooter, probeerde alle deuren en als er één open bleek, dook hij meteen het kantoor binnen. Ik had er m'n handen vol aan om hem niet kwijt te raken! Hij was teleurgesteld dat ik hem niet zijn gang liet gaan. Dat was hij echter snel vergeten toen hij een man met een looprek in de gaten kreeg. Die rollator moest en zou hij hebben! De opgelaten man hield zijn looprek krampachtig vast. Toen Na'il dit niet voor elkaar kreeg, ging hij op zoek naar een ander slachtoffer – een man met krukken. Die probeerde Na'il ook te confisqueren.
Wat was ik blij toen wij binnen werden geroepen! Het comité beloofde ons verzoek in behandeling te nemen. Dankbaar verlieten we het benauwde en vochtige Tel Aviv en reden we terug naar het veel koelere Jeruzalem. Ik weet zeker dat de mensen in die gang ook heel blij waren dat we vertrokken.

Bijzonder onderwijs had tijdens de zomervakantie zes weken lang een zomerprogramma en de vraag voor ons was wat we zouden gaan doen in de twee weken dat alles helemaal stil lag.
Het werd Kfar HaNassi! Het was heerlijk om daar weer te zijn. Het kleine huisje op de kibboets had een woonkamer met tweepersoonsbed, een slaapkamer voor de kinderen, een kitchenette en badkamer – een perfecte plek voor ons gezin, inclusief de honden.

Het was erg warm, dus brachten we onze dagen vooral in en bij het zwembad door. Na het middageten hielden we allemaal een siësta, waardoor Na'il 's avonds helaas pas na 23.00 uur in slaap viel!

De schoondochter van een ouder echtpaar op de kibboets had een therapeutische paard rijschool op

de Golan hoogte. Wij werden uitgenodigd om daar een kijkje te komen nemen. De kinderen genoten, en Ann nam, zelfs na een hele dag in de hitte gewerkt te hebben, ieder kind apart mee voor een speciale rit op het paard. Wim en Na'il zaten samen op het paard, en het kereltje vond het het einde!
In september begon het nieuwe schooljaar weer, en Na'il vond het heerlijk weer terug te keren naar het dagelijkse ritme van Shula's klas.

In Nederland reden we in een minibus die we 'Gideon' noemden; daarmee hadden we verschillende reizen achter het IJzeren Gordijn gemaakt. Onze nieuwe auto kreeg de naam 'Gideon II'. We baden dat deze Gideon ons bijzondere gezin tot zegen zou zijn. Niet alleen had deze Hyundai 100 ruimte voor het hele gezin, maar ook nog voor de wandelwagen en de rolstoelen! Wat een luxe!

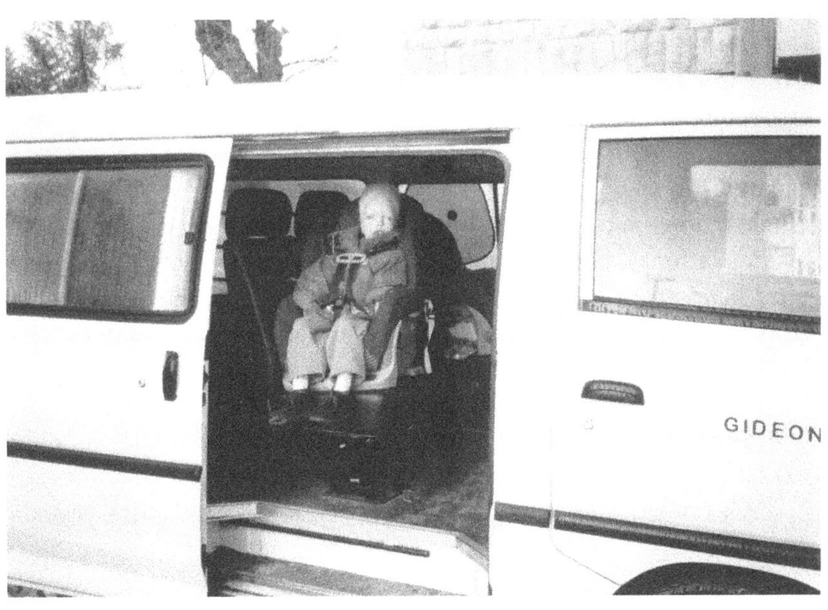

6

Op de Nederlandse Televisie

In januari 1999 werd bijna het hele gezin gevloerd door de griep. Na'il had vaak last van 'een-dags-virussen', waarbij hij een dag overgaf. Meestal herstelde hij daarna snel. Het werd zorgwekkend als hij bleef spugen, want zijn kleine lijfje had onvoldoende reserves om dat aan te kunnen. Het gevaar van uitdroging was dan levensgroot.
We waren dankbaar dat Na'il snel over deze griepfase heen was en dat we niet naar de Eerste Hulp hoefden te snellen. Hij was ons zonnetje in huis en bleef niet alleen ons verbazen, maar ook diegenen die met hem werkten.

Op een dag kwam een groep ziekenfondsartsen op bezoek in Alyn, waar zij Na'il zagen.

"Ik dacht dat kinderen met dit soort afwijkingen niet meer bestonden," zei een dokter.

Nou, dat deed hij wel, en wat een zegen was hij!
Op school leerden ze hem met zijn voet een gemotoriseerde rolstoel te besturen; op een driewieler fietste hij heen en weer door de lange gangen van Alyn, en hij speelde zelfs tafelvoetbal (met zijn voeten of zijn mond)!
Thuis 'kroop' hij op zijn rug de trap op, waarna hij op de slaapkamers allerlei kattenkwaad uithaalde. Hij leefde en was gelukkig! We hadden onze handen vol aan dat kleine, onderzoekende mannetje, maar hem zo te zien openbloeien maakte alles meer dan de moeite waard!

Na'ils vijfde verjaardag zullen we nooit vergeten.
Een Nederlandse filmploeg met o.a. Paul de Leeuw wilde Nederlanders die in Israël woonden interviewen.

"Wij hebben daar geen tijd voor," zei een Nederlandse vriendin. "Kunnen jullie het doen?"

In eerste instantie waren we niet zo blij met dat verzoek, omdat Paul de Leeuw er een meester in was om mensen voor schut te zetten met zijn rare vragen en gedrag. Doordat Henk Binnendijk ook aan het programma meewerkte, dorsten we het erop te wagen. De kinderen moesten wel mee, want babysitters waren een ons onbekende luxe.

Die donderdag was een drukke en hete dag en de kinderen waren chagrijnig en dreinerig. We moesten oppassen dat we niet over de kabels struikelden die door de gangen van het hotel waar de opnamen gemaakt werden, liepen. De visagiste maakte me dusdanig op, dat ik mezelf amper meer herkende toen ze klaar was.
Boven op het dak legde iemand van het team precies uit waar we moesten gaan zitten en van welke kant we 'op' moesten komen.

"Tijdens het filmen moet jullie jongste minstens een uur in zijn wandelwagen blijven zitten," zei de man. "Denk je dat dat zal lukken?"
Dat hoopte ik van harte!
We werden aan Henk Binnendijk en Paul de Leeuw voorgesteld, die al snel grapjes maakte met de kinderen.

Het was tijd om te beginnen. Boven op het dak van het hotel zat het publiek al te wachten - ongeveer tachtig Nederlanders. Terwijl de avondzon de muren van de Oude Stad in een gouden gloed zette, begon Paul verschillende mensen te interviewen. En toen was het onze beurt om tussen Henk en Paul te gaan zitten. Gespannen wachtten we af welke vragen er zouden komen. Uiteraard waren de kinderen het hoofdonderwerp en Paul was oprecht verbaasd over ons geloof en Godsvertrouwen.

"We wilden kinderen die niemand anders wilde hebben, omdat ze zo heel dicht bij Gods vaderhart zijn," zei ik. Die opmerking ontving een spontaan applaus van het publiek.
Toen Paul hoorde dat het Na'ils vijfde verjaardag was begon hij spontaan Lang zal 'ie leven te zingen en het publiek deed al snel mee.

"Oh, wat leuk!" Ik moest lachen. "Maar weet je, Na'il is doof"'

"Ah, hebben we voor niets gezongen!" zei Paul. "We hadden onze handen moeten gebruiken!" Hij wapperde met zijn handen.
Voordat we het doorhadden gaf de programmaleider Paul een seintje:

"Twee minuten... één minuut – afronden!"
Onze tien minuten waren geschiedenis. We waren zo opgelucht dat Paul ons niet voor schut gezet had en dat de kinderen zich voorbeeldig gedragen hadden, zelfs Na'il!

De gereviseerde versie van de opnamen zou per satelliet naar Nederland verstuurd worden en nog diezelfde avond worden uitgezonden. Later ontvingen we heel wat reacties van christenvrienden die naar het programma gekeken hadden. Volgens hen was Paul een totaal andere man dan zijn gewoonlijk onbeschofte zelf geweest. Wat waren we dankbaar voor dat wonder!

Die zomervakantie waren we opnieuw in kibboets Kfar HaNassi. Na'il vond het heerlijk om op het gras voor het huis in de schaduw te spelen. Baruch, onze reu, had vriendschap gesloten met een dikke labrador. Zodra deze lieve hond in de ogen van Simmie, ons teefje, te dicht bij Na'il in de buurt kwam, bewaakte ze hem als was hij een puppy. En toen die domme hond bijna boven op Na'il was gaan zitten (die het allemaal prachtig vond) vloog de altijd bange Simmie de labrador bijna aan!

Tijdens een herhalingsbezoek aan de therapeutische paard rijschool vond Na'il de stallen prachtig, en zou zo bij het paard zijn ingetrokken. Hij probeerde zelfs zijn voet in de mond van het paard te steken! We stonden verbaasd over zijn gebrek aan angst, en hij genoot met volle teugen toen hij weer een paar rondjes op het paard mocht rijden, samen met *abba*. Zijn lach leek wel op zijn gezichtje geplakt te zijn.

Sukkot was extra druk dat jaar omdat ook het speciaal onderwijs vrij had, in plaats van dat ze hun speciale vakantie programma draaiden. Nu moest ik alle vier de kinderen meenemen naar de congreshal. De oudste drie namen deel aan het kinderprogramma. Na'il wilde niet langer opgesloten zitten achter de stand, dus probeerde ik de crèche. Hij nam een kijkje in de ruimte, (maakte alle kindertjes aan het schrikken door zijn uiterlijk), maar had het al gauw bekeken. Voor hem geen crèche, hij wilde op onderzoek uit! Vooral de grote liften vond Na'il het einde: die hadden namelijk allemaal lampjes, iets wat altijd grote aantrekkingskracht op hem uitoefende.

Ik was doodsbenauwd hem in dat grote gebouw kwijt te raken, dus had ik een kartonnetje op zijn scooter bevestigd met de tekst: 'Ik heet Na'il, ik ben vijf jaar oud en doof. Ik hoor bij de stand Sociale Hulpverlening.' Alle pelgrims (de congresdeelnemers) en standhouders moesten er hartelijk om lachen. Tegen de tijd dat we naar huis moesten gaan, was ik helemaal uitgeput!

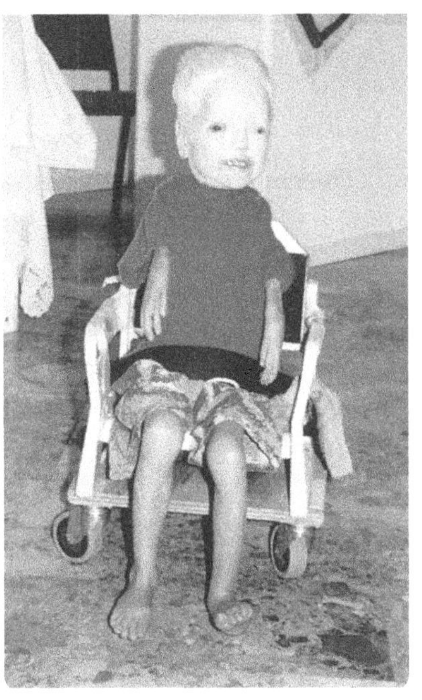

Op een gegeven moment moest Nadia met spoed aan haar oog geopereerd worden, en zoals te doen gebruikelijk bleef ik bij haar in het ziekenhuis. 's Avonds kwam Wim met Na'il op bezoek. Het kleine kereltje scheurde door de gangen of zat bij Nadia op bed. Dit was het begin van vele bezoekjes die Na'il het einde vond. Hij werd bekend (en beroemd) bij de artsen en verpleegkundigen van de verschillende afdelingen waar Nadia op kwam te liggen.

Nadat we vele jaren lang tevergeefs een tijdelijke verblijfsvergunning hadden aangevraagd, gaf het ministerie van Binnenlandse Zaken eindelijk zijn fiat. Met onze Israëlische identiteitskaart hoefden we niet langer gebruik te maken van de dure Nederlandse ziektekostenverzekering, maar konden we lid worden van een Israëlisch ziekenfonds. Maar ook allerhande andere diensten werden opeens mogelijk. Voor ons was het een waarachtig *Chanoeka* wonder - *Nes Gadol Haya Poh!*

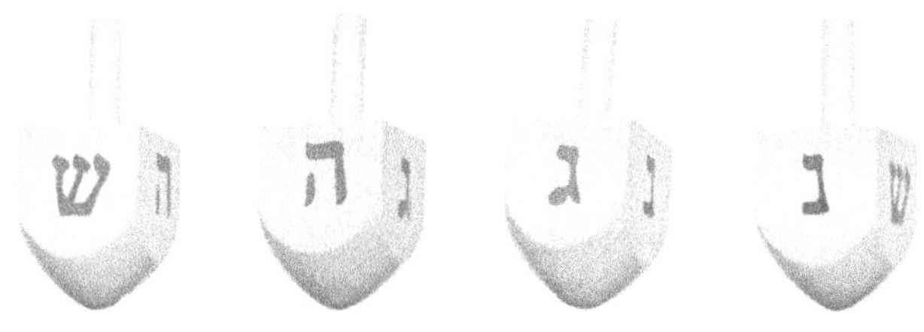

7

Gods weg is de beste - altijd!
"Overnacht 's avonds het geween, 's morgens is er gejuich."
Psalm 30:5

Eind januari 2000 ging de natte sneeuw geleidelijk over in zware sneeuwval. We ontwaakten in een winter wonderland – Jeruzalem was bedekt met een 30 tot 40 cm dikke sneeuwdeken. Vanwege allerlei afgebroken takken moesten we ons letterlijk een weg naar de straat zagen.

Na'il bleef maar zeuren dat hij naar buiten wilde, dus namen Wim en ik hem om de beurt in een draagzak op de rug. De andere kinderen bleven liever in ons warme en droge huis. Voor hen zou het ook onmogelijk zijn geweest om door die zware sneeuw te lopen. Twee dagen later veranderde de smeltende sneeuw in ijs, wat lopen nog gevaarlijker maakte.

Na'ils vorige gehoortest was nogal traumatisch voor hem geweest. Maar dankzij de knipperende lichtjes in de gehoortestkamer van het Hadassa ziekenhuis, werd het volgende onderzoek een feest voor hem.

"Na'il heeft maar een klein beetje restgehoor," zei de technicus. "Dat is waarschijnlijk de reden waarom hij steeds z'n gehoorapparaat uit probeert te krijgen. Kom over een paar maanden maar terug en dan besluiten we wat we gaan doen – met of zonder gehoorapparaten verder."

Het was een drukke tijd met heel wat doktersbezoeken. Na'il begon het leuk te vinden, vooral het bezoek aan de tandarts! Doordat ik altijd vroeg kwam had hij gelegenheid om op zijn scooter door de lange gangen te racen. Hij volgde iedere witte jas, probeerde alle deuren en vond het trappenhuis ook een interessante plek om nader te onderzoeken. Eindelijk was hij aan de beurt om de ruime behandelkamer binnen te gaan.

"*Shalom* Na'il!" riep een assistente.

"Oh, wat ben je groot geworden!" riep een ander uit.

"Tjonge, wat is hij veranderd!" zei de tandarts. Ze konden er niet over uit hoe hij zich ontwikkelde. Liggend in de stoel vond Na'il de grote lamp het einde; het schoonmaken van zijn tanden was een ander verhaal.

"Een volgende behandeling hoeft niet meer onder algehele narcose plaats te vinden hoor," zei Shabtai, zijn tandarts. "Lachgas zal voldoende zijn."

Als niet-Joden waren we niet verplicht om het huis een grote voorjaarsschoonmaak te geven, maar desalniettemin was Pesach voor ons ook altijd een hele drukke tijd. Doordat de kinderen de hele week thuis waren, gaf dit extra stress in de voorbereiding van de Seder-maaltijd.

"Ik wil dat je het dit jaar eens wat gemakkelijker en rustiger hebt," zei Wim, en hij stelde voor de Seder-maaltijd ergens anders te vieren. In een conferentiecentrum in de buurt van Bethlehem vierden we samen met zo'n vijftig christenen de Joodse uittocht uit Egypte.

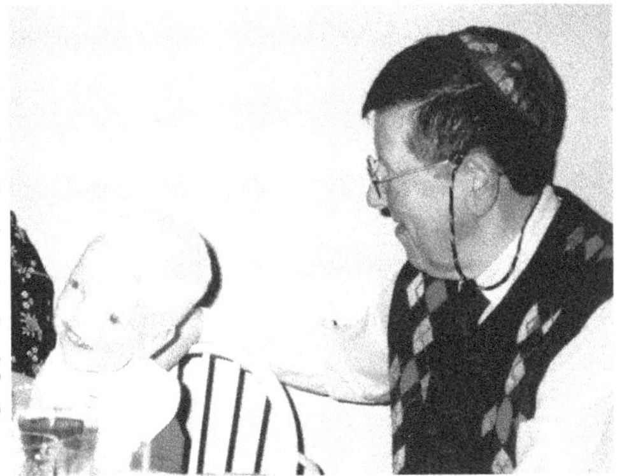

We dachten dat Na'il geen kwaad kon in de lange gangen, totdat een groot kabaal door het stenen gebouw resoneerde. Langs de kant stonden drie meter lange houten banken, en Na'il, zittend op zijn scooter, had besloten om ze wat anders neer te zetten.

"Hoezo een rustig avondje," mopperde ik en ging bij ons ondeugende jongetje in de gang zitten.
Die avond heb ik niet veel kunnen eten.

Iedere keer als er een virus rondwaarde, leek het alsof Na'il het ook kreeg. Het 'mei virus' kwam deze keer hard aan en hij spuugde de hele dag door. Bezorgd nam ik hem mee naar het Alyn ziekenhuis. De kinderarts kneep in zijn vel, sloot hem meteen aan op een infuus en zei dat we een nachtje moesten blijven.
De volgende morgen was Na'il helemaal verbaasd toen hij Shulah, zijn juffrouw bij het bed zag staan. Hij duwde haar weg met zijn voet – hij wilde niet naar school, maar in bed blijven, met zijn infuus! Hij bleef nog een dag thuis om te herstellen, en toen was hij weer klaar om naar school te gaan.

Joke de Wit, onze nieuwe vrijwilligster was zo'n zegen! Ze nam Na'il mee uit wandelen en als het nodig was hielp ze met wat kleine bezigheden in huis. Op een middag reden Joke en ik naar Alyn om Na'il op te halen. Toen we de gang in liepen bleven we stokstijf staan. De kinderen stonden in hun autozitjes langs de muur opgesteld, zodat de chauffeurs hen zo konden meenemen.
Na'il zat naast een kindje dat zijn limonade fles had laten vallen. Met open monden keken Joke en ik toe hoe Na'il (vastgebonden in zijn autozitje) zichzelf met grote moeite naar het midden van de gang schoof, de stoel omdraaide en de fles tussen zijn voeten pakte. Hij hield de fles op z'n kop om te zien wat er in zat,

waarna hij deze aan het jongetje terug gaf. Toen duwde hij zich opnieuw met grote moeite terug naar zijn plaats in de rij. Met tranen in mijn ogen knuffelde ik mijn kostbare mannetje.

"Oh, maar dat doet hij om de haverklap!" vertelde Shulah me later. "Na'il helpt zijn klasgenootjes altijd met van alles en nog wat, zonder dat ik ook maar iets hoef te vragen."

Hij deed het gewoon, alsof het de gewoonste zaak van de wereld was. Op een dag was Na'il bij me in de keuken toen ik het hondenvoer aan het klaarmaken was. Met zijn voet hield hij de vuilnisbak open, zodat ik het lege blikje kon weggooien.

Toen het schooljaar ten einde liep vierden we Na'ils afscheidsfeest omdat hij naar een andere school moest. Het probleem was dat niemand nog wist wat de volgende school zou worden.

"Geen zorgen maken," zei de maatschappelijk werkster. "We hebben de tijd tot eind augustus." Ze pauzeerde even. "Het moet een school zijn voor bijzonder onderwijs die bereid is een achterlijk, doof en lichamelijk gehandicapt kind op te nemen."

"Achterlijk?" protesteerde ik. "Na'il is heel pienter!"

De maatschappelijk werkster legde uit dat Na'il bijna niet kon communiceren en meestal alleen maar deed wat hij zelf wilde. Dat gedrag viel in de 'achterlijke' categorie. Ik vond het moeilijk om te accepteren, maar in mijn hart wist ik dat ze gelijk had.

In het bijzonder onderwijs gaan de kinderen zes van de acht weken zomervakantie gewoon naar school, waar ze al hun noodzakelijke behandelingen krijgen. Op een dag liet Na'il vol trots zien wat hij geleerd had: hij liep helemaal los, zo'n zeven meter achter elkaar!

Hij liep van Wim naar mij en vice versa, waarna hij zich vol vertrouwen in onze uitgestrekte armen liet vallen.

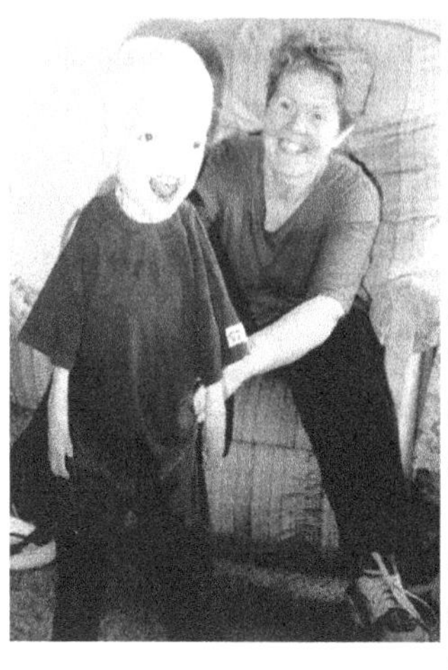

Zijn triomfantelijke glimlach was goud waard! Het was doodeng om hem wankelend te zien lopen, want hij had geen schouders om zichzelf in balans te houden, maar toch deed hij het! Opnieuw! Zoals zoveel 'onmogelijke' dingen. De fysiotherapeut vertelde ons later dat hij zichzelf had leren lopen op de helling in het zwembad.

Onze geplande reis naar Nederland moest afgezegd worden omdat ook Fahima met spoed een oogoperatie moest ondergaan. De gebruikelijke 'ziekenhuisroutine' werd weer in werking gesteld. Dit betekende dat ik overdag bij Fahima in het ziekenhuis bleef, en Wim met Na'il en Nadia in de namiddag op bezoek kwam. We dronken dan altijd een bakkie koffie samen, waarna ik de twee kinderen weer mee naar huis nam, en Wim mijn plaats bij Fahima in nam. (Moshiko's persoonlijkheidsproblemen waren in de loop van de tijd dusdanig uit de hand gelopen dat het maatschappelijk werk hem gedurende de zomer in een gezinsvervangend tehuis geplaatst had. Zo konden wij een beetje op adem komen.)
Jeruzalem ging gebukt onder een zware hittegolf die iedereen uitputte, maar gelukkig had de oogafdeling airconditioning.

Na'il vond het heerlijk om op Fahima's ziekenhuisbed te spelen. Zonder risico's te nemen liet hij zich er meestal voorzichtig van af glijden. Waarschijnlijk had hij zich een keer misrekend, want hij viel op zijn stuitje op de grond. Aan zijn reactie te oordelen zag ik dat het hem vreselijk pijn deed. Omdat ik bang was dat hij zijn stuitje gebroken had bracht ik hem naar de Eerste Hulp – daar zaten we toch vlakbij. Op de röntgenfoto was niets te zien, maar toch wilde de arts hem voor de zekerheid een nachtje ter observatie houden. Daar hadden we natuurlijk helemaal niet op gerekend!
Dankzij de goodwill van de staf van de oogafdeling mocht ook Nadia blijven slapen, terwijl ik met Na'il de nacht op de kinderafdeling doorbracht.

De volgende morgen was onze kleine jongen zo gezond als een vis. Ik haalde Nadia op, en toen konden we weer naar huis. Voor Na'il in het bijzonder was het een heel opwindend weekend geweest!

De eerste september kwam steeds dichterbij en nog steeds hadden we voor Na'il geen andere school. We bleven bidden en hopen dat er op het laatste moment iets gevonden zou worden. Ik was ondertussen doodmoe van de emotionele stress van de afgelopen zomer, en verlangde naar rust en stilte wanneer de kinderen weer naar school waren.

Vrijdag 1 september: een heel verdrietig jongetje moest toezien hoe de andere kinderen weer naar hun scholen gingen. We konden het hem niet uitleggen, en het brak mijn hart om hem zo verdrietig te zien.

Maandag: mijn idee om Na'il mee te nemen naar de Bijbelse dierentuin zodat hij wat afleiding had hielp niet – hij voelde zich ellendig.
Dinsdag: het 'schooloffensief' begon: ik belde mensen, faxte en begon te klagen – iets wat ik nog nooit had gedaan. "Dit gaat te ver! Dit kind moet naar school, zoals alle andere kinderen. Wat is hier aan de hand?"
Woensdag: ik ging op oorlogspad en nam Na'il mee naar de afdeling onderwijs op het stadhuis. De mensen waren erg aardig en meelevend en waren het er helemaal mee eens dat er wat aan gedaan moest worden. "Waarom probeer je Ma'ayan', St. Vincent niet," stelde een van de vrouwen voor. "Totdat je uitsluitsel hebt, denk ik dat Na'il best nog tijdelijk in Alyn naar school zal kunnen blijven gaan.."
De hoop gaf me hernieuwde energie en ik belde het hoofd van de Alyn school. "Dat moet ik eerst met de oudercommissie bespreken," was haar antwoord. "Ik bel je zondag wel terug."
Ik was er niet zeker van of ik zo lang kon wachten.

"Heb jij soms een abonnement hier?" vroeg een verpleegkundige toen ze me het Hadassa ziekenhuis binnen zag gaan.
Die donderdag genoot Na'il gelukkig van zijn oogonderzoek. Hij vond alles prachtig – de lichtjes, de machines, de dokter!

Ondanks het feit dat Na'il albino is heeft hij gelukkig geen afwijking aan zijn ogen.

"Tot volgend jaar!" zei kinderarts lachend.

Mijn hoop werd de grond in geboord toen het hoofd van de Alyn school me zondag meedeelde dat Nai'l NIET welkom was om naar de Alyn school terug te keren. Zelfs niet tijdelijk. Ik begon wanhopig te worden, helemaal toen ik zag dat Na'il tekenen van depressie begon te vertonen.

De maatschappelijk werkster van Alyn kwam met een paar (late) ideeën die we de volgende dag zouden gaan onderzoeken. De eerste school op het lijstje leek aardig genoeg en de personeelsleden waren schatten, maar we ervoeren dat Na'ils ontwikkeling daar zou stagneren. De volgende school was een antroposofische. Niet bepaald onze favoriete keuze, maar we besloten toch te gaan kijken. De staf ging heel goed om met de klas ernstig gehandicapte kinderen. *Is dit de school voor Na'il?*, vroeg ik me af en het hart zonk me in de schoenen. "Wat denk je van die Ma'ayan School?" fluisterde ik tegen de maatschappelijk werkster.

"O nee! Na'il is een pienter kind. Hij is veel te goed voor die school!" De suggestie van de gemeente werd meteen terzijde geschoven. "Die school is voor hopeloze gevallen," voegde ze er nog aan toe.

Het leek er op dat we geen keus hadden, en met bezwaarde harten besloten we dat Na'il dan maar naar die antroposofische school zou moeten gaan. Maar zo eenvoudig bleek dat ook weer niet.

"We willen Na'il heel graag hebben," zei het hoofd van de school, "maar het gemeentehuis moet ons eerst een extra hulp toewijzen. Na'il heeft speciale zorg nodig." Ze beloofde ons te bellen zodra ze het antwoord van het stadhuis binnen had.

Ik voelde me zo gefrustreerd. Na'il zo te zien lijden maakte me meer en meer bezorgd. Hij was het slachtoffer geworden van verkeerde planning en bureaucratie.

Na'ils voortand, een kroon, was er uit gevallen, dus gingen we weer naar de tandarts in het Hadassa ziekenhuis. Dat was tenminste iets waar ik hem blij mee kon maken!

Maar na twee uurtjes moesten we toch weer naar huis, terug naar de somberheid en depressie van het niet weten wanneer deze nachtmerrie zou eindigen.
Niet alleen had Na'il vriendjes en andere kinderen om zich heen nodig, maar ook gestructureerde dagen. Ik had de energie niet om hem zelfs maar mee te nemen om boodschappen te doen, of leuke dingen te bedenken, die uiteindelijk voor hem helemaal niet leuk waren. Hij wilde gewoon naar school!

"Het enige licht aan het eind van de tunnel
is het licht van de aanstormende trein..."

"Het spijt me heel erg, maar het gemeentehuis heeft geen toestemming gegeven voor een extra hulp in de klas," deelde het hoofd van de antroposofische school me over de telefoon mee. *Weer een dichte deur!,* kreunde ik inwendig.
Onze maatschappelijk werkster probeerde me wat op te beuren met nieuws dat de volgende week op het stadhuis een 'expert' op de afdeling bijzonder onderwijs zou komen. Die vrouw zou vast wel een oplossing weten voor moeilijke gevallen zoals Na'il.
Het idee om opnieuw een eindeloze week te moeten wachten zonder een strohalm om me aan vast te klampen, was de druppel die de emmer deed overlopen. Toen ik Wim belde om het slechte nieuws te vertellen begon ik te huilen en ik kon niet meer ophouden. Geschrokken, kwam Wim meteen naar huis. Hij nam twee weken vakantie om me met Na'il te helpen, want emotioneel kon ik er niet meer tegen op. De stress van de uitdagingen van de afgelopen zomer was zwaar geweest. Daarboven op kwam de pijn van een zesjarig jongetje dat iedere morgen depressief wakker werd omdat hij niet naar school kon – het verscheurde me.

24 september belde de 'expert': "Heb je wel eens gehoord van St. Vincent en hun Ma'ayan school?!" *Was dat niet de school waar onze maatschappelijk werkster Na'il te goed voor vond?* dacht ik. We waren bereid om alles te proberen, en ik maakte een afspraak voor de volgende dag.

Het statige oude gebouw in Ein Kerem dateerde uit 1880 en was eigendom van de 'Dochters van Liefdadigheid van St. Vincent de Paul'. Sinds 1964 was het een tehuis (*Maon*) voor zo'n 70 zwaar lichamelijk en geestelijk gehandicapte kinderen. Op het terrein van St. Vincent stond ook een school voor speciaal onderwijs, de *Ma'ayan* (bron). Ik keek om me heen, dronk de vredige stilte in, hoorde vogels zingen in de prachtige bomen rondom het gebouw en wist in mijn hart: *dit is het!*

In eerste instantie dacht ook Jacky, het hoofd van de school, dat Na'il te goed voor de school was. We weten niet waarom ze van gedachten veranderde, maar toen ze 'ja' zei, barste ik in huilen uit.

"Wat is er?" vroeg ze geschrokken.

"Niks. Ik huil gewoon van blijdschap en opluchting," snufte ik.

Jacky leidde ons het gebouw rond en die dag ontmoetten we verschillende leraressen en hun assistenten. *En dan te bedenken dat deze school eind augustus al was geopperd als mogelijkheid!* Ik werd boos bij de gedachte. Alleen maar vanwege het stigma dat aan dit instituut hing (hopeloze gevallen) had Na'il (en wij met hem) onnodig geleden.

"Wanneer kan hij komen?" vroeg ik Jacky, in de hoop dat ze 'morgen' zou zeggen.

"Ik denk dat het voor hem beter is dat hij na het Joodse Nieuwjaar begint," zei ze.

Dat betekende dat hij nog een week thuis moest blijven. Maar wat een verschil maakte HOOP!

Die eerste morgen in Ora's klas, bleef ik op de achtergrond om te zien hoe het zou gaan. Na een paar uur voelde Na'il zich zo thuis dat Ora zei dat ik wel naar huis kon gaan. Het was een gerustellend idee dat ik hem in de capabele handen van deze zelfverzekerde, 'geen onzin' lerares kon achterlaten. Het gevoel van vrijheid en blijdschap dat ik ervoer toen ik naar huis reed was moeilijk te omschrijven. Eindelijk kon ik in alle rust genieten van een kop koffie!
Dat was zo lang geleden, dat ik bijna vergeten was hoe dat voelde.
Die middag bracht het schoolbusje een volkomen veranderd jongetje thuis – blij, voldaan en glimlachend van oor tot oor. Wat een zegen!

Een paar jaar later vertelde een van de leraressen me over de eerste keer dat ze ons gezien had. We stapten uit de lift en vroegen waar het kantoor van Jacky was. Zoals de meeste mensen was ook deze lieve lerares geschrokken van Na'ils uiterlijk, en ze had Jacky gewaarschuwd dat we er aan kwamen. Toen deze lerares Na'il op zijn eerste schooldag opnieuw zag, had ze zich afgevraagd waarom ze die eerste keer zo geschrokken was. Wat ze nu zag was een prachtig, kostbaar klein jongetje!
Dit gebeurde zo vaak – na de eerste schok en schrik, zagen mensen met grote harten al heel snel Na'ils kostbare zieltje achter zijn handicap. Helaas waren er natuurlijk ook mensen die openlijk hun afkeer en zelfs walging toonden. Kinderen noemden hem soms een 'buitenaards wezen'. Dan waren we dankbaar dat Na'il hun harteloze opmerkingen niet kon horen.

Vanwege *Jom Kippoer,* Grote Verzoendag, raakte Na'il weer helemaal in de war, en ik voelde me gefrustreerd dat ik het niet kon uitleggen. Toen hij zich realiseerde dat het maar om een vrije dag ging en dat hij daarna werkelijk weer naar school zou gaan, bleef de glimlach op zijn gezichtje geplakt. De volgende dag keerde hij terug naar zijn klas met zeven kinderen, één lerares en drie tot vier helpers. De school had een 'snoezelkamer' die al heel snel Na'ils favoriete kamer werd.

Zijn aan rolstoel gebonden klasgenoten waren nogal passief, maar onze jonge onderzoeker wilde er constant op uit trekken. Al heel snel was Na'ils foto's op de deuren van de school te vinden met de boodschap: 'Deur dicht houden!'

Hij moest leren luisteren en de schoolstaf moest voortdurend opletten, maar ze vonden het prachtig. Iedere dag schreef Ora in zijn schriftje dat hij weer wat nieuws geleerd of gedaan had. We konden niet ophouden God te danken voor deze geweldige school.

Op een dag reden we langs het Alyn ziekenhuis en ik vroeg me af hoe Na'il daarop zou reageren. Tot mijn verbazing keek hij expres de andere kant uit en leek opgelucht dat we niet afsloegen.

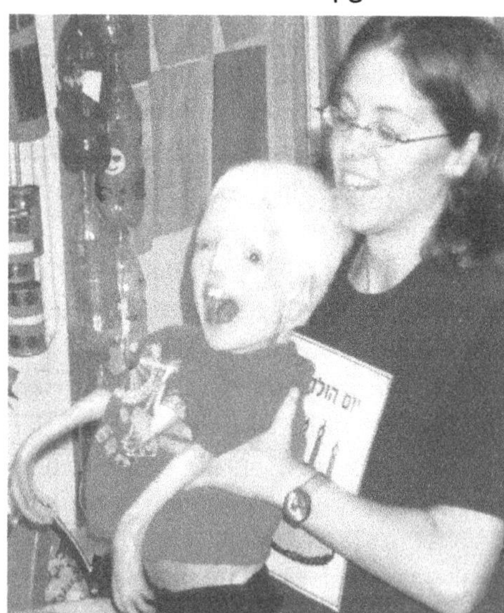
Ora, Na'il's lerares, was geweldig!

Het feit dat Na'il 's morgens met blijdschap naar school ging en 's middags voldaan en blij naar huis keerde was voor mij het beste bewijs dat hij helemaal op zijn plek was. *Hopeloze gevallen! Dacht 't niet!!*

Vanwege Na'ils succesvolle plaatsing begon Alyn meer kinderen door te verwijzen naar de *Ma'ayan* school.

Gods weg was en is nog steeds altijd de beste!

8

Een 'herboren' kind

Het was begin 2001 en Na'ils ouders hadden al meer dan zes maanden niets van zich laten horen. Op een dag kreeg ik een telefoontje van Kassem, de maatschappelijk werker die verantwoordelijk was voor Nails biologische ouders. "Waarom mogen zij hun kind niet zien?" vroeg hij. Ik vertelde hem hoe de vork werkelijk in de steel zat.
Gelukkig wist Kassem de ouders ervan te overtuigen dat het voor Na'il niet goed was om twee nachten achter elkaar bij hen te blijven. Vervolgens belde hij ons weer terug om een bezoekdatum af te spreken – dat ging altijd via deze 'omweg'.
Vrijdagmiddag 12 januari gaven we onze kleine jongen mee aan mensen die voor hem vreemden waren geworden. Ik voelde me onrustig en bezorgd en, dat bleek later gegrond. De volgende dag kregen we Na'il terug in een staat van shock.

"Na'il huilde aan een stuk door," vertelde Machmoed. "Hij weigerde ook te eten (drinken). Hoe weten jullie nou wat hij bedoelt of wat hij wil?"
Thuisgekomen nam ik Na'il op schoot in de schommelstoel en wiegde hem een half uur achter elkaar. Het duurde een paar uur voordat hij 'ontdooid' was.

Sarah, onze maatschappelijk werkster van het gemeentehuis (op een gegeven moment hadden we vier verschillende maatschappelijk werksters, voor ieder kind een andere), was het er helemaal mee eens dat dit niet langer kon. "Dit zal niet meer gebeuren!" beloofde ze. "Ik zal het met Kassem bespreken."

In de *Ma'ayan* school werkten Joden, Arabieren en christenen nauw met elkaar samen. De Arabische werkers werden boos toen ze over Na'ils traumatische huisbezoek hoorden. "'t Zou voor hem veel beter zijn als zijn biologische ouders hem gewoon met rust laten!" zei een van de werkers. "Jammer dat jullie 'm niet meteen gekregen hebben toen hij nog een baby was."

Vanwege de constante zorg voor de kinderen konden Wim en ik eigenlijk geen dag, laat staan een weekendje weg. Op Wims verjaardag, 19 januari, besloten we voor de eerste keer in al die jaren een 26-urige 'vakantie' op een moshav in de buurt van Jeruzalem te nemen. Joke zorgde voor Na'il en de honden, en de meisjes gingen naar een vriendin. Alleen omdat Na'il Joke kende en accepteerde, dorsten we het aan om weg te gaan. Toen we terugkwamen bleek dat de kinderen hadden genoten, en wij ook! Joke gaf wel toe dat het behoorlijk zwaar was geweest met Na'il.

Op het gemeentehuis wachtte ik totdat Machmoed en Samiera verschenen voor een bespreking met ons en de betrokken maatschappelijk werkers. Ze kwamen gewoon niet opdagen. Zoals iedere trotse moeder had ik altijd een stapeltje foto's van onze kleine jongen bij me. Enthousiast liet ik die aan Kassem zien en vertelde ondertussen over Na'ils capriolen.

"Kassem is blind" fluisterde Sarah ('onze' maatschappelijk werker voor Na'il).

"Oh, mijn excuses, Kassem!" Ik was blij dat hij mijn knalrode hoofd niet kon zien.

We spraken af dat Na'il eens per maand, op een zaterdagmorgen, door Machmoed opgehaald zou worden op een van tevoren afgesproken plek. Diezelfde dag, rond 17.00 uur, zou hij dan weer terug gebracht worden. We hoopten dat zijn ouders deze nieuwe regeling zouden accepteren.

Het seizoen voor de doktersbezoeken was weer aangebroken.

Na'il lag op de onderzoekstafel van de neuroloog en had de tijd van zijn leven – hij 'sprong' op en neer van blijdschap! De dokter haalde er een collega bij.

"Ik heb alleen maar over dit syndroom (Klein-Waardenburg) in de vakliteratuur gelezen," zei de dokter. "Nooit eentje in het echt gezien. Heel interessant."

Zowel Joden als Moslims besnijden hun zoons, maar Na'il was daar te zwak voor geweest. Machmoed wilde dat zijn zoon besneden werd, dus togen we naar een uroloog. Van deze specialist hoorde ik toen dat

Na'il de eerste twee maanden van zijn leven in het ziekenhuis had doorgebracht. "Toen de baby naar huis mocht, behandelden zijn ouders hem als een homp vlees," las de dokter voor uit de medische status. "Een hopeloos geval, dat maar beter kon dood gaan."
Ik kon m'n oren niet geloven en keek naar Na'il – een wonder!
De uroloog oordeelde dat het onmogelijk was om Na'il te besnijden, en Machmoed accepteerde de bevindingen van de specialist.

Doordat Na'il lid was van een ander ziekenfonds, moest ik constant op zoek naar andere dokteren en specialisten dan die we tot dus ver met de andere kinderen bezochten. Het plannen van een doktersbezoek werd een frustrerend en tijdrovend proces en het was altijd een strijd om de nodige verwijzingen te krijgen.
Om er zeker van te zijn dat Na'il geen extra organen had, schreef de uroloog een verwijzing voor een echo, ook iets wat Na'il prachtig vond. De meeste kinderen beginnen al te gillen van angst als ze de donkere onderzoekskamer in moeten die vol staat met apparatuur.

"Gggchchchc!" zei Na'il.

"Waarom maakt hij die geluiden?" vroeg de technicus.

"Dat is zijn manier om te laten weten dat hij blij en enthousiast is," legde ik uit.
De technicus moest nog harder lachen toen hij met het onderzoek begon. Na'il lachte en gierde en maakte keelgeluidjes en was zo blij als maar kan. En gelukkig bleek uit het onderzoek dat hij de juiste hoeveelheid belangrijke organen had en geen een te veel!

Op een dag had Wim zijn enkel verstuikt waardoor hij een tijdje met krukken moest lopen.

"Gggchchchc!" zei Na'il, toen hij Wim heen en weer zag hobbelen. Uiteraard probeerde hij meteen zijn vader de krukken te ontfutselen.

Verward keek Na'il van zijn lerares naar de schoolpsycholoog toen ze op huisbezoek kwamen. Ora, zijn lerares, vertelde ons dat zij en haar collega's voortdurend manieren probeerden te vinden om hem nieuwe dingen te leren. Dat vonden wij natuurlijk geweldig en we spraken ook onze waardering naar hen toe uit voor hun inzet.

Terwijl we over zijn ontwikkeling spraken, drong het opeens tot mij door dat Na'il op de dag dat hij bij ons kwam wonen in zekere zin 'herboren' was. Te oordelen naar zijn huidige gedrag en ontwikkeling, gedroeg hij zich als een 3-4 jarig kind – precies het aantal jaren dat hij bij ons was. We waren God zo dankbaar voor de vele wonderbaarlijke veranderingen die Na'il had ondergaan. Zelfs na een paar maanden in de *Ma'yan* school!

"We hebben Poerimfeest op school. Heb je zin om te komen?", schreef Ora in Na'ils schrift. Poerim komt van het woord *"Pur"*, dat "lot" betekent. Religieuze joden lezen dan in de synagoge de boekrol van Esther; kinderen en volwassenen verkleden zich op die dag in de meest uiteenlopende kostuums. Waarschijnlijk is in de Middeleeuwen het carnaval een 'christelijke' versie van Poerim geworden. Het is een blij feest, waarin men elkaar zoete dingen schenkt. Vroeger, toen ik meer tijd had, maakte ik de Poerimkostuums altijd zelf. Deze keer kocht een leuk Mickey Mouse kostuum dat Na'il prachtig vond.

"Er is geen groep mensen die meer plezier heeft dan diegenen met een ernstige handicap, die zichzelf en anderen geaccepteerd hebben zoals ze zijn."
Nancy Doyle, *Children of Grace.*

Datzelfde gold voor mensen die met meervoudig gehandicapten werkten. Iedereen had zoveel plezier tijdens dat feestje, en ik wist niet wie er meer genoot – de kinderen of de schoolstaf!!

Mijn tachtigjarige moeder woonde nog steeds op haar eigen flat in Amsterdam. Haar Parkinson begon het dagelijks leven behoorlijk te beperken. Daarbij was ze eenzaam en kreeg onvoldoende thuishulp. Ik maakte me zorgen om haar. *Waarom vraag je niet of ze bij ons wil komen wonen?,* kwam plotseling in m'n gedachten. "Wat denk je, Wim?" vroeg ik hem.
Daar hoefde hij niet lang over na te denken. "De Bijbel zegt heel duidelijk dat we moeten zorgen voor de weduwen en de wezen," zei hij.

Mijn twee zussen (één in Nederland, de ander woont in Zweden) stonden open voor het idee dat moeder bij ons zou komen wonen. *Hoe overtuig ik mama?* vroeg ik me af.

"Ik zal jouw uitnodiging (in briefvorm) persoonlijk aan mama afleveren" stelde mijn zus voor.

Ik had verwacht dat ze minstens een half jaar nodig zou hebben om aan het idee te wennen, maar als de Here iemands hart voorbereidt, dan moet je gewoon de eerste stap zetten en de rest komt dan vanzelf.

Moeder had tranen in haar ogen toen ze de brief uit had.

"Wanneer zou je naar Israël willen gaan, mam?" vroeg mijn zus.

"Zo snel mogelijk!" was haar antwoord.

De kinderen waren helemaal enthousiast toen ze hoorden dat *Savta* (oma) bij ons zou komen wonen. Ik begon het huis meteen klaar te maken voor de komst van mijn moeder. Omdat we geen extra slaapkamer hadden, werd in de ruime huiskamer een kleine kamer gecreëerd door een muurtje te maken van een rij boekenkasten.

God zorgt niet alleen voor ouden-van-dagen, maar zelfs voor kanaries – er werd een goed thuis gevonden voor moeders vogeltje. Er zaten maar drie weken tussen het moment dat ze de uitnodiging kreeg en de uitvoering het plan!

Voor mij was het een emotionele tijd. Moshiko's gedragsproblemen werden steeds erger, en het punt werd bereikt dat hij definitief uit huis geplaatst moest worden.

De voorbereiding op de komst van mijn moeder werkte als balsem op mijn daardoor verwonde ziel en gaven me iets positiefs en blij's om aan te denken en mee bezig te zijn.

Op 1 april vloog ik naar Nederland om twee dagen later samen met mijn moeder naar Israël terug te keren. De kinderen verwelkomden *Savta* vol blijdschap. Ze was moe van de lange en emotionele reis en plofte in een makkelijke stoel neer. Ik denk niet dat Na'il zich zijn oma nog kon herinneren, maar hij ging meteen naar haar toe en 'klom' bij haar op schoot. Met tranen in mijn ogen keek ik hoe twee gelijkgestemde zielen meteen de weg naar elkaars hart vonden.

Na'il kroop zelf bij *Savta* op schoot - een hele prestatie.
Mijn moeder was er ontroerd van.

9

Gezegende uitbreiding

"Jabez riep de God van Israël aan: Als U mij rijk zegent en mijn gebied uitbreidt, Uw hand met mij is en U het kwaad van mij wegdoet, zodat het mij geen droefheid brengt... En God liet komen wat hij gevraagd had."

Toen Wim en ik in 1979 trouwden, hadden nog niet veel mensen over het 'Gebed van Jabez' gehoord. 1 Kronieken 4:10 was onze trouwtekst.

Niet ver van ons huis was een prachtig heuvelachtig, rotsachtig gebied, dat vol stond met wilde bloemen en planten. Ik vond het altijd heerlijk om daar met onze honden te gaan wandelen, omdat ze er los konden lopen. Het was jammer dat dit prachtige gebied langzaamaan ruimte moest maken voor een villawijk.
We hadden gezien hoe het huis werd gebouwd – vanaf het stevige fundament tot aan de rode dakpannen die gelegd werden. Het was me opgevallen hoe verschillend het was van de andere villas in de buurt. Dit huis was niet vier verdiepingen hoog, met de nodige trappen, maar in de breedte gebouwd. Het had zelfs een glooiend pad van het trottoir naar de voordeur.
Dat zou een pracht huis voor ons zijn, dacht ik, maar verwierp het idee meteen weer. *Dit soort mensen bouwen huizen om er zelf in te wonen, niet om ze te verhuren!*

En toen verscheen er op een goede dag een bord: Te Huur!
Al maandenlang had ik het gevoel dat er een verandering in de lucht hing, en wist dat dit niet te maken had met Moshikos vertrek en *Savtas* entree in ons gezin.
Door de veranderende noden van de kinderen was onze huidige woning eigenlijk niet meer geschikt. Voor de meisjes werd het steeds moeilijker om de trappen naar hun kamer te beklimmen en in en uit de badkuip te klauteren als ze moesten douchen. Als *Savta* een eindje wilde gaan wandelen moest ik altijd eerst haar rollator de trap

afdragen. Ook het toilet op de begane grond was alleen via een paar treden te bereiken, ook behoorlijk onpraktisch.
Het was duidelijk dat we moesten verhuizen, maar ik had niet de energie om op huizenjacht te gaan. En waar in Jeruzalem zouden we ooit een geschikte en betaalbare woning kunnen vinden?

"Die villa is veel te duur," zei ik tegen Wim. "Dat kunnen we nooit betalen!"

Heer, U weet wat voor soort huis we nodig hebben voor ons speciale gezin, inclusief Savta, bad ik. Ik besloot Hem te vertrouwen en geloven dat God ons er naar toe zou leiden.
En dat was precies wat er gebeurde. Het 'droomhuis' lag op driehonderd meter afstand van waar we woonden - de villa die te huur stond!
Eind juni liet Micha, de huisbaas, ons het huis zien, en drie weken later tekenden we het vierjarige contract, met een optie tot verlenging.

"Ik hoop dat het huis tegen eind augustus klaar zal zijn," zei Micha.
Ik begon meteen met pakken, onderwijl dromend over dat prachtige, ruime huis met zeven kamers!

In de zomer deden er altijd virussen en één-dag griepjes de ronde. Deze keer werd bijna ons hele gezin geveld. Fahima stak mij aan, en gelukkig was ik weer op de been toen ook Na'il begon te spugen. Toen hij 's middags nog niets binnen kon houden, nam ik hem bezorgd naar de eerste hulp van het Hadassa ziekenhuis – zijn favoriete plek.
Het uitgedroogde kereltje werd meteen aan een infuus gelegd en we moesten een nacht in het ziekenhuis blijven. Hangend in een ongemakkelijke stoel naast zijn bedje probeerde ik wat te slapen. De volgende morgen mocht Na'il weer naar huis, maar hij had bijna een week nodig voordat hij weer een beetje de oude was.

Na'il was ons zonnetje in huis! Iedereen die hem kende kon niet anders dan van hem houden! Hij was zo'n bijzonder kind!
De 'scooter' bleef zijn favoriete manier om zich voort te bewegen, maar inmiddels was de veiligheidsriem niet langer nodig. Zonder zijn handen te gebruiken had hij geleerd om zelf op te staan en te gaan lopen. Zonder de hulp van een looprek, liep hij wijdbeens van stoel naar stoel.

Gierend van het lachen en de opwinding, bleef Na'il aan een stuk door 'oefenen'.
Op school ging hij ook goed vooruit en kon het prima vinden met de spraaktherapeute, die hem het communicatiebord leerde te gebruiken.

Voor Na'il bestonden er maar twee soorten mensen: diegenen die hij aardig vond, en die hij niet mocht. Zo had hij bijvoorbeeld een overduidelijke hekel aan zijn biologische moeder. Als hij besloten had dat hij iemand niet mocht, dan veranderde hij zelden nog van gedachten. Je kon hem ook niet dwingen iets te doen wat hij absoluut niet wilde.
Hoezo koppig en een sterke wil? Maar dankzij deze eigenschappen lukte het hem om ogenschijnlijk onoverkomelijke obstakels te overwinnen. Zonder dreinen, huilen, of woede-uitbarstingen, dacht hij over een situatie na, observeerde het 'probleem' en dan deed hij het gewoon!

Zo 'beklom' Na'il de trap.

10

Een nieuw begin

Het 'oude' huis was oud, donker en voor mij boordevol onaangename en traumatische herinneringen. Het nieuwe huis was licht, ruim en helemaal nieuw. Ook al was het dan nog niet helemaal klaar, konden we er toch op 30 augustus intrekken.
Het leek wel alsof er een nieuwe bladzijde in ons leven was omgeslagen; er kwam meer ruimte in mijn hart en het was net alsof ik beter kon ademhalen. Wat een verschil! Met hernieuwde energie begon ik aan de enorme klus om het huis op orde te krijgen voordat het nieuwe schooljaar begon op 1 september.

Tijdens die eerste dagen waren heel veel ogenschijnlijk 'kleine' dingen al zo'n grote zegen. Ten eerste lag de badkamer op de begane grond. We hadden er zelfs twee, eentje met een ligbad, de ander met een ruime douchecabine. Na'ils liefdesrelatie met de badkuip was van blijvende aard, en iedere dag bracht hij er zeker een uur in door. Nu kon ik hem tenminste in de gaten houden, zonder steeds naar boven te hoeven racen zodra ik een 'verdacht' geluid hoorde.

De andere zegen was een tijdbesparende. Het vorige huis lag een eind van de straat, (in een binnenstraat) waardoor we iedere dag minstens vijftien minuten nodig hadden om daar te komen. Vervolgens stonden we daar dan te wachten tot de schoolbus kwam om de kinderen op te halen of thuis te brengen. Nu toeterde de chauffeur en gingen de kinderen vanuit huis zo de schoolbus in.
Omdat ik er nooit zeker van was wanneer de kinderen uit school terugkeerden, stond ik 's middags op z'n minst 15-30 minuten te wachten, in regen en zonneschijn, om hen te op te vangen. Ik gebruikte die tijd vaak om te lezen. Maar nu zag ik de schoolbus meestal aankomen, of hoorde hem toeteren. Het maakte het leven een stuk gemakkelijker!

De afspraak was al een paar maanden eerder gemaakt en ook al had ik er eigenlijk de tijd niet voor, ik moest met Na'il naar de orthopedisch chirurg in de kliniek van zijn zorgcentrum.

"Sorry, maar ik behandel alleen volwassenen" zei de dokter toen we eindelijk aan de beurt waren.

"Waarom hebben ze dat dan niet tegen me gezegd toen ik de afspraak maakte?" klaagde ik bij de secretaresse. De vrouw haalde haar schouders op en gaf me een nieuwe afspraak voor de kinderorthopeed.

Een week later waren we weer in de kliniek. Terwijl we op onze beurt wachten, had Na'il de tijd van zijn leven toen hij de gipskamer in de gaten kreeg, waar de meeste kinderen krijsend vandaan kwamen. Hij werd de ster van de afdeling, en iedereen was erg lief voor hem – voor mij altijd een grote zegen.

"Wat doe jij hier?" Dr. Joseph, onze orthopedische chirurg uit Alyn, tuurde over zijn bril. "Ik wil je hier helemaal niet zien! Waarom kom je niet in Alyn?"

Nadat ik hem verteld had over mijn getouwtrek met het ziekenfonds schreef hij meteen een brief. "Hier, nu zal het wel lukken. Tot ziens in Alyn. Dag!"

Ik was blij, maar Na'il vond het helemaal niet leuk dat de dokter hem niet eens onderzocht had!

We hadden een huis betrokken dat nog helemaal niet klaar was en de eerste maanden waren hectisch vanwege de gaande en komende werkers: iemand kwam de keuken afmaken, de loodgieter kwam, er werd glas gezet in de ramen van de slaapkamer boven en de trap moest gemaakt worden. Er waren momenten dat ik van boven naar beneden rende en drie verschillende experts te woord moest staan. Ze wilden me iets laten zien of uitleggen en dat 't liefst allemaal tegelijk! Na'il vond al die activiteit prachtig en probeerde op zijn manier de mensen te 'helpen'. Ze waren gelukkig allemaal aardig tegen hem.

De feestdagen (zonder schoolactiviteiten) waren meestal lang en vervelend voor Na'il. Hij vulde zijn dagen door te oefenen met lopen en liet ons regelmatig schrikken door zichzelf achterover in zijn scooter te laten vallen. Spannend, mama!

Rosh haShana, het Joodse nieuwjaar, vierden we met een feestelijke maaltijd, en voor we het wisten was het tijd om de Succa (loofhut) weer op het balkon op te bouwen. Na'il vond het heerlijk er in te zitten en rond te kijken.

Dr. Sheffer, de arts in klinische genetica die in het Leumit zorgcentrum een kliniek had voor kinderontwikkeling, kende Na'il sinds zijn geboorte. Ze kon haar ogen niet geloven toen we haar behandelkamer binnenkwamen. Ze stoorde zich niet aan het feit dat de wachtkamer vol zat en trok een uur voor ons uit. Ik stelde haar de vraag die de meeste mensen ook aan mij stelden als ze Na'il zagen:

"Wat is zijn levensverwachting?"

"Mensen met dit soort syndromen hebben in principe een normale levensverwachting," vertelde de dokter. "Maar naarmate Na'il ouder wordt zal het voor hem emotioneel zwaar zijn om met zo'n complexe handicap te moeten leven."

Ik besloot om niet aan 'later' te denken en God te vertrouwen dat Hij ons de wijsheid en genade zou geven om daar mee om te gaan als het zo ver was.

Na'ils kaak was gezwollen en ook al was er aan zijn tanden niets te zien, besloot ik om toch maar naar de tandarts in het Hadassa ziekenhuis te gaan. Opnieuw was de tandheelkundige staf verbaasd over de veranderingen in Na'il. Hij was de ster van de afdeling, liep lachend en blij van de ene naar de andere behandelkamer.

De tandarts kon niets vinden. "Misschien een nieuwe tand die bezig is door te komen," opperde hij.

Ik bracht Na'il naar school en was net weer thuis toen Ora belde.

"Hij viel in de klas in slaap. Ik denk dat hij echt ziek is."

"Daar gaat m'n rust weer," mopperde ik terwijl ik opnieuw naar school reed.

De volgende ochtend kon ik ook wel zien dat hij niet lekker was en werd bezorgd toen hij zelf weer in bed kroop. Hij had iets onder de leden, maar wat? Die dag hield ik hem thuis om hem beter te kunnen observeren. Ondanks het feit dat hij geen koorts had, werd hij steeds futlozer

De volgende dag zaten we weer bij de tandarts in het Hadassa ziekenhuis. Een van de professoren ontdekte een hele klein necrotisch wondje, waarschijnlijk van een afgebroken paraplubalein die hij altijd in z'n mond stak als ik even niet keek.
De tandarts reinigde het plekje met pure zuurstof, schreef antibiotica voor en tegen de tijd dat we thuis waren voelde Na'il zich al 90% beter. God zij dank dat we de oorzaak gevonden hadden van deze mysterieuze aandoening!

Alles wat met water te maken had, had grote aantrekkingskracht op Na'il en de eerste regen was daarop geen uitzondering. Vanwege de lange droge zomermaanden is in Israël de eerste regen, *Joreh,* altijd een vreugdevolle gebeurtenis. Dat is moeilijk voor te stellen als je in een land woont waar 't het hele jaar door regent, zoals Nederland. Zelfs als de mensen drijfnat werden van een onverwachte stortbui, vonden ze het nog steeds een zegen. Het Meer van Galilea moet in de regentijd weer goed vollopen, want daar haalt Israël haar drinkwater vandaan!

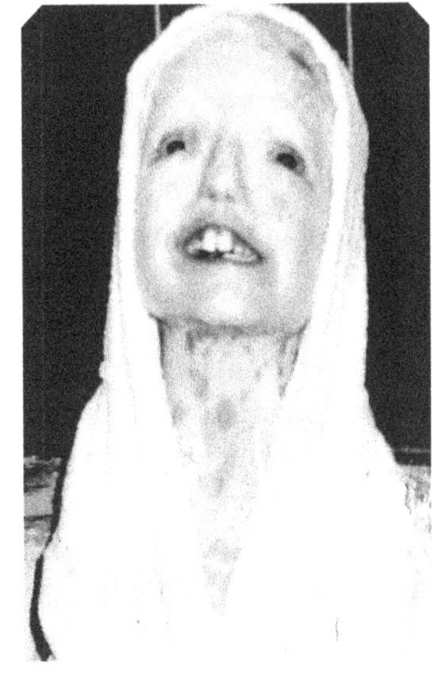

Toen ik zag dat het was gaan regenen nam ik Na'il mee naar buiten, waar ik in gebarentaal uitlegde wat er aan de hand was. Ik haalde diep adem, en zei hem dat je de regen kan ruiken – *petrichor* (zie uitleg aan het einde van dit hoofdstuk). Uiteindelijk moest ik hem dwingen weer naar binnen te gaan, want hij had het liefst buiten willen blijven.

School was de plaats waar Na'il vele nieuwe dingen leerde, hij kreeg bijvoorbeeld zindelijkheidstraining. Hij droeg nog steeds een luier, en ook al deed hij zijn ontlasting wel op de wc, wilde Ora hem ook leren op het toilet te plassen. Hij vond het echter veel leuker om dit op de grond te doen en er dan met zijn voeten in te gaan spelen.
Waar hij geen rekening mee had gehouden was dat de vloer daardoor glad werd. Hij deed een spagaat en viel op de grond.

Ora belde meteen naar huis om te vertellen wat er gebeurd was.

"Ik denk niet dat hij iets gebroken heeft," voegde ze er aan toe.

Die middag na schooltijd volgde ik Na'ils gebruikelijke programma – eerst naar het toilet, dan zijn fles met melk drinken, en daarna in bad. Ik zag dat hij pijn had, maar redeneerde dat dat logisch was. *Waarschijnlijk spierpijn. Ik hou 'm morgen maar thuis om te rusten,* dacht ik. Maar na twee dagen thuis was er weinig verbetering te zien, en Na'il weigerde op zijn linker been te staan. Bezorgd, nam ik hem mee naar Dr. Joseph, zijn orthopeed in Alyn. Uit de röntgenfoto bleek dat de hals van zijn heupgewricht gebroken was! *Welke vreselijke moeder laat haar kind twee dagen lijden aan een botbreuk?* beschuldigde ik mezelf. Volgens de arts was het een moeilijk te behandelen fractuur, en het enige dat hij doen kon was het been immobiliseren met elastische zwachtels. Weer thuis, merkte ik dat Na'il steeds onrustiger werd en zelfs zachtjes begon te kreunen.

Om 18.00 uur zaten we op de Eerste Hulp van het Hadassa ziekenhuis – het wachten was begonnen. De dienstdoende chirurg moest heen en weer rennen tussen de Eerste Hulp en de operatiekamer en het leek eeuwen te duren voordat wij eindelijk aan de beurt waren. Het grootste deel van de nacht bracht ik sluimerend door op een matras op de vloer, totdat ze eindelijk een bed op de kinderafdeling geregeld hadden. Omdat we geen officieel voogd waren, maar 'slechts' pleegouders, mochten wij het opnameformulier niet tekenen.

De volgende dag bracht Machmoed zijn hele gezin mee naar het ziekenhuis. Na'il had erge pijn en ik hield mijn hart vast toen Samiera zijn pijnlijke been aanraakte. *Snapt ze dan niet dat hij niet aangeraakt wil worden?* dacht ik geïrriteerd. Ik kon het haar niet vertellen, omdat ze alleen Arabisch sprak.

"Machmoed, kan je alsjeblieft aan Samiera uitleggen dat dit niet erg helpt?"

Machmoed gebood zijn vrouw haar handen thuis te houden.

In Israëlische ziekenhuizen ben je verplicht om 24 uur per dag bij je zieke kind te blijven. Zoals gewoonlijk nam Wim het 's avonds van mij over, zodat ik thuis ongestoord kon slapen. Ik was amper thuis toen Wim belde. "Na'il wordt steeds onrustiger," zei hij.

Eerlijk gezegd voelde ik me precies zo. Ik wilde weten hoe het met hem was, ik wilde bij mijn kleine jongetje zijn! We besloten dat het voor alle partijen beter zou zijn dat ik terugkeerde naar het ziekenhuis en de hele opnametijd bij Na'il zou blijven. Aan de ene kant was dat doodvermoeiend, maar het heen en weer gereis tussen ziekenhuis en thuis was gewoon te onrustig en te veel voor me.

Terwijl we op de afdeling wachtten op de dingen die zouden komen, had ik een aantal interessante gesprekken met familieleden van kinderen op de afdeling en met de medische staf. Iedereen was nieuwsgierig naar dat kleine jongetje met het witte haar. Sommige ouders reageerden met schrik en afwijzing, anderen waren nieuwsgierig, maar op een negatieve manier. Het merendeel van de reacties was echter positief en lief. Moeders luisterden naar het verhaal van ons leven en dankten God, letterlijk, voor het werk dat we met deze bijzondere kinderen mochten doen. Een oma zegende mij door verder te kijken dan Na'ils mismaakte uiterlijk en zijn innerlijke schoonheid te zien. Die reacties waren balsem op mijn ondertussen behoorlijk uitgeputte emoties.

Vrijdagmiddag kwam een religieuze Jood de tweepersoonskamer binnen: "Moge de Here je zegenen met goede gezondheid en een *Sjabbat Shalom!,*" zei hij tegen beide kinderen en hun ouders.

"Wilt u een broodje of een warme maaltijd?" vroeg een vrijwilligster van een religieuze organisatie. "Het is gratis."

"Todah raba! Dank u wel!" Dankbaar nam ik het broodje aan.

"Moeders met zieke kinderen moeten ook eten, toch?" De vrouw glimlachte en liep naar de volgende moeder.

Kinderchirurgie op de vierde verdieping was een afdeling waar ik zag hoe Joodse en Arabische dokters schouder aan schouder werkten met Joodse en Arabische verpleegkundigen, om aan Joodse en Arabisch patiënten de beste medische zorg te verlenen. En dat hoorde of zag je nou nooit op het wereld nieuws!
Op *Sjabbat* was Na'il in een opperbest humeur, helemaal toen ik hem in de wandelwagen zette zodat hij naar de kinderen kon kijken die in de gang heen en weer liepen met hun infuusstandaards.

Hij was dol enthousiast – niet vanwege de kinderen maar vanwege hun infusen!

"We moeten Na'ils operatie uitstellen," zei de orthopeed "Door de regenval zijn er zoveel verkeersongelukken dat we amper tijd hebben om adem te halen."

Zondag 28 oktober moest Na'il vanaf 12 uur 's middags nuchter blijven, omdat de gipsbroek onder volledige narcose aangebracht zou worden. In de ruimte voor de operatiekamers moest ik een jasschort, papieren muts en schoenen plus mond lap (smoeltje) aantrekken, waarna ik Na'il op de operatietafel moest tillen. Hij werd helemaal opgewonden toen hij al die machines en lampen zag! De narcotiseur zette het masker voor de eerste narcose op zijn neus. Na'il inhaleerde diep en was vanaf dat moment 'verslaafd'!

Toen hij in de uitslaapkamer wakker werd accepteerde hij zijn harnas meteen. Nu duidelijk zonder pijn, was hij zo blij als maar zijn kon. Op maandagmorgen bezochten we de gispkamer om zijn gipsbroek wat aan te laten passen. De meeste kinderen gingen gillen zodra ze die enge kamer met een elektrische zaag zagen. Ik had moeite om Na'il stil te houden op de röntgen tafel, hij was zo opgewonden als wat! Hij werd nog enthousiaster toen we de volgende dag een CT scan moesten laten maken. Nog nooit had het personeel van de röntgenafdeling een kind meegemaakt dat zich zo gedroeg – we lagen allemaal dubbel van het lachen! Het bot stond in de juiste stand en eindelijk mochten we naar huis.
Kinderchirurgie op de 4^{e} verdieping van de *'Mother and Child'* (Moeder en Kind) kliniek was vanaf die tijd Na'ils favoriete plek.

Voor zijn (en mijn) gemoedsrust wilde ik niet dat Na'il vijf weken thuis zou blijven – de tijd dat hij zijn gipsbroek zou moeten dragen. Ik huurde een speciale autostoel waarmee hij veilig naar school kon. Doordat Na'il niet in bad mocht, moesten we andere manieren vinden om hem bezig te houden. Daar maakte ik mij (onnodig) zorgen over.
Liggend op een tuinstoel vond ons kleine mannetje het prima om naar zijn favoriete video's te kijken. Hij gaf geen kik, ook dreinde of klaagde niet – hij accepteerde zijn lot, en dat was dat!

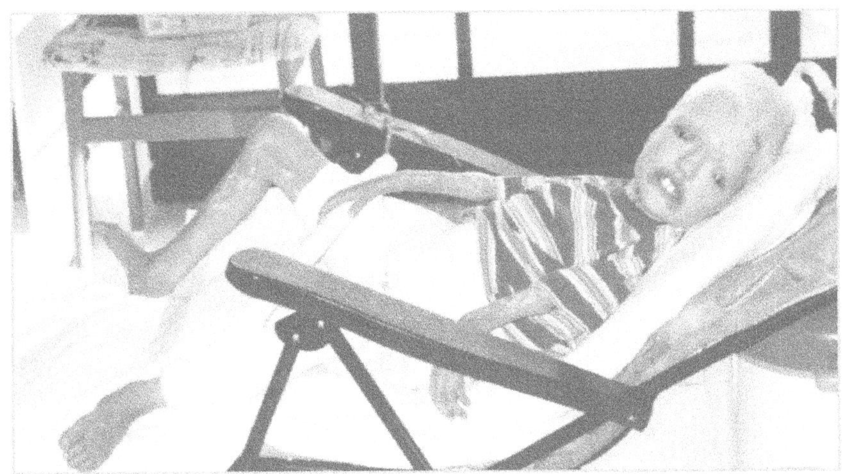

Rond 19.00 uur droegen we Na'il naar bed. Om te voorkomen dat hij doorligplekken zou krijgen, moesten we hem iedere twee uur keren. 's Nachts merkte hij het amper dat hem draaiden.
Het was een uitdaging om zijn huid heel te houden. Vanwege Na'ils baby voeding was zijn ontlasting altijd zacht en we konden niet voorkomen dat het soms onder de gipsbroek terechtkwam.
Het waren zware, vermoeiende weken met gebroken nachten, maar Na'il was een gemakkelijk kind dat iedere tegenslag met een lach accepteerde. Wat een zegen!

Het verwijderen van gips met een elektrische zaag is voor kinderen vaak zo angstaanjagend dat ze een roesje moeten krijgen. Uiteraard vond Na'il dit het EINDE!
Eenmaal van zijn harnas ontdaan mocht ik hem meteen in bad stoppen. Geen overbodige luxe want hij stonk! Niet alleen liet de röntgenfoto zien dat Na'ils fractuur genezen was, maar tot onze schrik bleek ook dat hij osteoporose had.
Na'il redeneerde dat, nu het gips eraf was, hij ook meteen weer kon lopen. Het viel niet mee om hem daarvan te weerhouden en hem te verbieden uit de wandelwagen te klimmen. Hij had nog een lange weg te gaan en de school fysiotherapeut leerde hem langzaam maar zeker zijn mobiliteit weer terug te krijgen. Thuis racete hij rond in zijn scooter, de tv was niet interessant meer en zoals gewoonlijk begon hij zich

weer te vervelen - het leven was weer normaal geworden!

Midden december had Na'il weer zijn halfjaarlijkse tandarts controle. Alleen als ik om 7.30 uur van huis ging maakte ik kans op een parkeerplaats vlakbij de ingang. Maar die extra tijd gaf Na'il de gelegenheid om al zijn energie en enthousiasme van tevoren kwijt te raken. Tegen de tijd dat hij dan in de stoel zat was hij moe en werkte hij over het algemeen goed mee. De enige manier om hem te behandelen was met lachgas, en op een keer bleef hij de hele ochtend lachen en giechelen. Waarschijnlijk had hij een beetje teveel lachgas gekregen, en nu begreep ik ook waarom het zo genoemd werd.
2001 liep alweer ten einde. Ook al waren er behoorlijk veel zware en moeilijke dingen voorgevallen, er was ook veel om dankbaar voor te zijn. De Here God was zo goed voor ons geweest!

Petrichor

Petrichor ~ 'Rots Essence', komt van het Griekse *Petros* (rots) en *Ichor* (vloeistof dat door de aderen van goden vloeit). Het betekent de heerlijke geur van de eerste regen na een lange periode van warm, droog weer. Twee Australische onderzoekers ontdekten dat deze geur ontstaat door een olieachtige essence die afkomstig is van op klei gebaseerde rotsen of grond. Het is een ingewikkelde combinatie van minstens 50 (!) verschillende bestanddelen, net zoiets als een parfum. Tijdens periodes van droogte geeft de vegetatie olie af, die door het rots oppervlak en de grond geabsorbeerd wordt. Zodra de eerste regen begint te vallen komen deze geuren vrij, en dat is wat we ruiken - *Petrichor*.

11

Vreugde is geen blijdschap
"In het Joodse denken betekent vreugde
de absolute zekerheid dat God een plan heeft;
dat Hij nog steeds geïnteresseerd is in mijn problemen,
en dat Hij de macht heeft om daarmee om te gaan."
Randy Smith

Ik vraag altijd sneeuw voor mijn verjaardag en het leek er op dat mijn wens in 2002 in vervulling zou gaan. Rond de 7e januari voorspelden meteorologen een kans op 25 cm sneeuw! Tachtig sneeuwploegen en teams waren stand-by, auto's werden van sneeuwkettingen voorzien en jeeps met vierwielaandrijving werden ingezet om zieken en bejaarden te transporteren. Alle middag activiteiten werden afgezegd, en zodra de eerste sneeuwvlokken begonnen te dwarrelen stuurden de scholen de kinderen naar huis.

Het is algemeen bekend dat het onmogelijk wordt om met sneeuw in het heuvelachtige Jeruzalem te rijden. Daardoor sloten de meeste bedrijven die dag ook vroeg hun deuren.
De snelweg van Jeruzalem naar Tel Aviv was drie uur lang afgesloten. Busdiensten stopten rond het middaguur, waardoor veel mensen gedwongen waren naar huis te lopen, vaak met ongeschikt schoeisel. Bepaalde buurten kon je alleen te voet bereiken. Mobiele telefoonverbindingen stagneerden en stoplichten hielden er ook mee op. De hotline van de politie was constant in gesprek. Passagiers strandden op het Centrale Busstation en drie bussen, die toch geprobeerd hadden te vertrekken, moesten achteruit terugrijden omdat hun weg door bergen sneeuw versperd was. Dit was het gebruikelijke Jeruzalem-in-de-sneeuw gekkenhuis, en tegen de tijd dat de bussen weer konden gaan rijden, was de avondspits begonnen. Een nog grotere chaos dan normaal was het gevolg.

We waren dankbaar dat ons gezin veilig en wel thuis zat en dat we het winterse landschap van binnenuit konden aanschouwen.

Het was een zeer gedenkwaardige verjaardag! Na'il vond het prachtig toen we hem meenamen voor een wandeling door de sneeuw. Later die avond zagen we de buurtbewoners genieten van een wandeling door de zachte, stille avond. Achter een paar bosjes zag ik zelfs twee jakhalzen schuilen!

Het was niet eens nodig om naar het zes uur journaal te luisteren om te weten of de scholen wel of niet zouden opengaan. Tijdens de nacht was de sneeuw overgegaan in regen, en de hoop op nog een dag vrij van school werd daardoor de grond ingeboord. De meteoroloog beloofde echter dat er een nieuw koufront in aantocht was. Hij had gelijk, want een dag later viel er opnieuw 5 cm sneeuw. De regen die daarna kwam veranderde alles in ijs!

Het voorjaar was aangebroken. Terwijl de natuur een zee aan wilde bloemen vertoonde, werd het land aan stukken gescheurd door de ene terroristen aanval na de andere. Het was overal, te allen tijden, en kon iedereen overkomen. Onze familie in Nederland zat in de zenuwen vanwege de niet echt objectieve berichtgeving op radio en tv. Ondanks alles vond *Savta* het heerlijk om in 'gevaarlijk' Israel te wonen.

Zoals de meeste Israëli's probeerden ook wij ons leven zo normaal mogelijk te leven. Iedere morgen baden we om wijsheid en bescherming, een luisterend hart om Gods stille stem te kunnen verstaan, mocht er gevaar dreigen. We voelden ons geborgen in Zijn bescherming.

In tegenstelling tot de Arabische terroristen, was voor de Joden elk leven kostbaar en van onschatbare waarde. De Talmoed leert namelijk:

"Wie één enkel leven redt, redt de hele wereld."

"Hoe gaat het met je 'project'?" vroeg Dr. Scheffer tijdens ons halfjaarlijkse bezoek. Daar bedoelde ze Na'il mee. Ditmaal riep ze een collega om naar het 'wonderkind' te komen kijken. "Dit kind bewijst wat er gedaan kan worden met gehandicapte kinderen," zei ze vol trots, "wanneer ze in de juiste omgeving opgroeien – een liefdevol thuis!"

We hadden al een tijd geen contact meer gehad met Machmoed en ik aarzelde om hem te bellen. *Stel dat Na'il daar op bezoek is en de veiligheidssituatie verandert plotseling?* Ik huiverde bij de gedachte dat hij vast zou komen te zitten in een afgesloten Arabisch dorpje en niet naar huis zou kunnen. Nee, beter de boel maar even op zijn beloop laten.

Na'ils verjaardagsfeestje op school werd in 'stijl' gevierd met andere klassen en een heleboel stafleden die niets van de pret wilden missen. Er werd gezongen, er werden allerlei spelletjes gedaan, er waren ballonnen, kaarsje, cadeautjes en een verzameling tekeningen die de kinderen voor Na'ils 8^{e} verjaardag gemaakt hadden. We waren ontroerd door al het werk en de inzet van de stafleden die deze kinderen zoveel mogelijk wilden laten genieten van het (moeilijke) leven.

De schoolstaf adviseerde ons Na'il een test te laten ondergaan om er achter te komen wat voor hen de beste aanpak zou zijn om Na'il te onderwijzen. Die hele dure test vond plaats in het Sha'arei Zedek ziekenhuis. Na'il was verbaasd daar ook Ora, haar assistent en de spraaktherapeute aan te treffen. Hij had er geen idee van wat er ging gebeuren en wij trouwens ook niet. Ik vroeg me bezorgd af hoe hij zich zou gedragen en of hij wel mee zou werken.
Twee dames observeerden Na'il eerst een korte tijd en probeerden toen op twee verschillende manieren zijn aandacht te krijgen. Na'il was noch geïnteresseerd noch enthousiast. Hij bleef met zijn voet maar naar de deur wijzen – hij wilde naar buiten!

Pas toen de computer werd aangezet begon hij te begrijpen wat er van hem gevraagd werd en was hij bereid een beetje mee te werken. De vrouwen waren verbaasd over zijn charme. "Hij heeft een hele sterke wil en moet duidelijk leren waar zijn grenzen liggen," schreven ze in het rapport. Ik had gezien dat hij hun ook steeds aan het testen was. In een tijdsbestek van vijftien minuten hadden de vrouwen zijn gedrag zien veranderen van baby naar peuter, naar nieuwsgierig ouder jongetje, en weer terug naar peuter. Er waren grote verschillen tussen zijn emotionele en mentale ontwikkeling.
Maar dankzij deze test wisten ze op school waar ze aan konden gaan werken en welke terreinen ze beter in een later stadium konden aanpakken. Na'ils communicatieboek moest worden uitgebreid en we zouden er ook eentje voor thuis krijgen. De dames waren ook verbaasd over de manier waarop Na'il duidelijk maakte wat hij wilde.
Dat wisten wij allang, maar het was toch leuk dat anderen dat ook zagen! Dit 1.02 cm lange, 10 kg zware, blauwogige bundeltje leven was een bron van zegen en trots voor ons!

Wat wij als een 'ramp' beschouwden werd voor Na'il een welkome augustus activiteit. Ons bovenbalkon had gelekt en moest gerepareerd worden. Om te weten waar het probleem precies zat, werd de afvoer dichtgestopt en werd het balkon onder water gezet. Vanwege het warme weer moest het water iedere avond worden bijgevuld, dus werd Na'il in het midden neergezet met de tuinslang tussen zijn benen. Daar mocht hij met water spelen zoveel hij wilde.
's Morgens kon Na'il niet wachten om weer naar boven te mogen!
Die augustus was lang, heet, vermoeiend en heel erg druk. Er waren nog meer terroristische aanvallen en heel veel verdriet. Er leek geen einde aan te komen, net zoals de hittegolven.
Vanwege een aantal heel belangrijke doktersbezoeken (ook voor de andere kinderen) konden we dat jaar niet met vakantie en daarnaast hadden we besloten om eindelijk twee airconditioners aan te schaffen.

Ik schreef een serie boekjes getiteld *Witte Bennie*, in de hoop dat mensen het zouden gaan gebruiken om gezonde kinderen te leren over gehandicapte kinderen.

Ook al was er uiteindelijk geen interesse om de op Na'il gebaseerde verhaaltjes te kopen, had ik er plezier in ze te maken!

Het nieuwe schooljaar was geacht om op 1 september te beginnen, maar vanwege de gebruikelijke lerarenstakingen konden de meeste kinderen pas veel later naar school. Gelukkig voor ons staakte het speciaal onderwijs maar zelden!
Rosh haShana, de geboorte van de wereld, de schepping, vierden we samen met onze vrienden. Het was een nieuwjaar en een afscheidsfeest voor *Savta*. Mijn moeder was nu al weer 1½ jaar bij ons en we hadden haar het liefst bij ons willen houden, maar om praktische redenen werd dit steeds moeilijker. Ieder half jaar moest haar toeristenvisum verlengd worden, wat een hele toestand was. Vanwege de 'veiligheidssituatie' deed haar medische verzekering ook moeilijk, iets waar ik me grote zorgen over maakte. En ze miste toch ook haar leeftijdsgenoten, de Nederlandse taal en vond de hoge temperaturen ook steeds bezwaarlijker.

In april had mijn zus mijn moeder in Nederland laten inschrijven in een bejaardentehuis. We hadden Gods leiding ervaren toen ze bij ons kwam en opnieuw zagen we hoe God een wonder deed: in recordtijd was er voor haar een prachtige kamer beschikbaar in een verzorgingstehuis in Haarlem! Ik vloog met mijn moeder naar Nederland, hielp haar te settelen en vlak voor het Loofhuttenfeest was ik terug in Israel. Het was duidelijk dat Na'il zijn *Savta* miste, waar hij zoveel van hield. Ze hadden een bijzondere band en hij 'kroop' heel vaak bij haar op schoot, gewoon om bij haar te zijn.
Gelukkig hadden we foto's, die ons die kostbare momenten hielpen herinneren!

"Wow! Niet te geloven! Een natuurtalent! Een wonderkind!" riep de bezigheidstherapeute toen ze Na'il een proefles gaf in een elektrische rolstoel. De stoel was veel te groot voor hem, en de joystick zat vast met klittenband, maar op het moment dat de motor werd aangezet, ging hij er vandoor.
Probleemloos manoeuvreerde hij zich door een smalle deuropening, de lift in en toen door de lange gangen van Alyn.

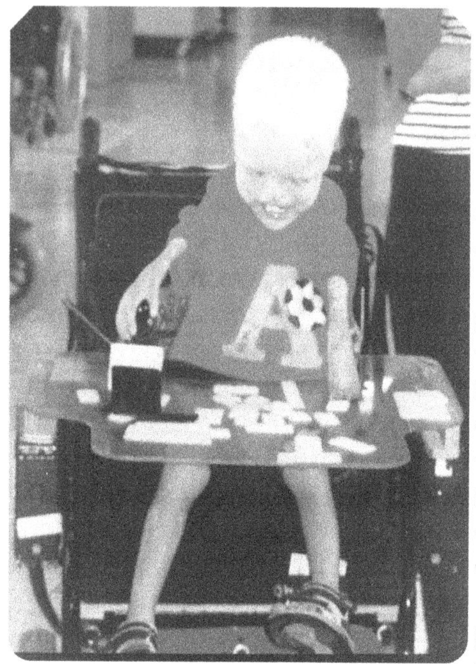

Normaal gesproken hadden kinderen de volle 1½ uur van de les hard nodig om aan de vreemde rolstoel te wennen. Na'il gedroeg zich alsof hij dit soort rolstoelen zijn hele leven al had bestuurd! Toen hij in de lift vast kwam te zitten reed hij gewoon achteruit, zonder tegen iets aan te stoten, alsof het de gewoonste zaak van de wereld was. Ik was zooooo trots op hem! Na'il genoot van iedere minuut van zijn 'les' en was teleurgesteld toen het voorbij was.

"Je kunt een rolstoel voor hem aanvragen hoor," zei de lachende bezigheidstherapeute.

Dit keer paste Joke op onze meisjes. Wim en ik namen Na'il mee op 'vakantie' naar Jad haShmona. Hij vond de houten cabine prachtig, was enthousiast over de grote eetzaal, en wilde natuurlijk alles onderzoeken.

Zaterdagmorgen om 6 uur was onze kleine man klaar wakker en hij wilde actie!

We hadden geen moment rust, geen tijd om te ontspannen en waren de hele tijd op of onderweg. Wim en ik waren doodmoe van het duwen van de wandelwagen over het heuvelachtige terrein, terwijl Na'il boordevol energie zat.

"Laten we hem naar het zwembad nemen," stelde ik voor. "Dan wordt 'ie hopelijk een beetje moe."

Na tien minuten in het 'koude' water (veel kouder dan de 33 graden die hij in Alyn gewend was) zag Na'il letterlijk blauw van de kou. Klappertandend maakte hij duidelijk dat hij er uit wilde! Wat we ook probeerden, hij weigerde om nog een keer het water in te gaan.

Daar ging ons goede idee!
Het was onze laatste 26-uurs 'vakantie'. We hadden het geprobeerd, maar Na'il kon niet zonder ons, zelfs niet wanneer Joke op hem paste. En hem meenemen kon je niet bepaald vakantie noemen.

"Het leven is veel eenvoudiger dan je denkt!
Je hoeft alleen maar het onmogelijke te accepteren;
het doen zonder het onmisbare,
het onverdraaglijke dragen
en overal om kunnen lachen!"

Na'ils ziektekostenverzekering deelde ons mede dat we geen toestemming kregen om naar Dr. Joseph in Alyn te gaan – we moesten naar de ziekenfonds kliniek. Omdat Leumit in het centrum van de stad haar klinieken had, was een doktersbezoek altijd een tijdrovende bezigheid. Na'il vond het niet erg, die vond nieuwe gebouwen altijd spannend. Dr. Joseph keek naar Na'ils ruggetje. "Het lijkt erop dat hij scoliose (kromme ruggengraat) aan het ontwikkelen is." Mijn hart kromp ineen toen ik hem iets hoorde mompelen over een korset. Na'il zou daardoor veel minder mobiel worden.

Ook de oogarts werd op Na'ils 'favorieten' lijstje gezet. Het opmerkzame kind had meteen door dat er aan het einde van de gang een echokamer was. Hij had geen geduld om op zijn beurt te wachten en ging de omgeving verkennen. Dichte deuren waren geen probleem, die opende hij gewoon met zijn mond. Ik moest constant achter hem aanrennen, m'n excuses aanbieden aan verbaasd kijkende dokteren en patiënten en snel de deur weer sluiten. In de tussentijd was ons jongetje al weer ergens anders bezig kattenkwaad uit te halen. Hij vond het daar prachtig, helemaal toen een verpleegkundige het goed vond dat hij bij haar op de kamer bleef zitten. Daarbij vergeleken was het oogonderzoek maar een tamme bedoeling, alhoewel hij het leuk vond dat de dokter met een lampje in zijn ogen scheen.

We hadden er altijd van gedroomd om ooit eens naar Eilat te kunnen gaan. Gelegen aan het zuidelijkste puntje van Israel, aan de Rode zee, maakte echter de afstand (5 uur rijden) en de noodzaak tot

overnachten het voor ons onmogelijk. Totdat iemand de stafleden en gezinnen van de ICAJ zegende met een lang weekend in Eilat – all-in!
We dachten dat we droomden toen we onze suite binnentraden. Uiteraard vond Na'il de jacuzzi in onze badkamer het einde. Urenlang lag hij in zijn campingbedje met een dolfijn ballon te spelen en vond een bezoek aan het onderwater observatorium ook het einde.
Zelfs de lange busreis naar Jeruzalem was voor hem opwindend. We hadden het grootste gedeelte van het weekend gefilmd en hij kon later geen genoeg krijgen van de video.
Jaren later zag hij in een tijdschrift een foto van de Eilat Marina. Met een glorieuze glimlach tikte hij met zijn voet op het plaatje – hij herinnerde zich dat heerlijke weekend!

December werd een maand van zegeningen en blijdschap. Het Chanoeka feest op Na'ils school was een groot succes en zoals gewoonlijk stal ons mannetje de show. Ik filmde het feestje en schreef er later een verhaal over. (Zie einde hoofdstuk.)
Maoz Tsur – Rots der Eeuwen is het openingslied van Chanoeka. Het was een passend einde van een heel moeilijk en traumatisch jaar voor het Joodse volk.

Chanoeka in *haMinzar*

HaMinzar, het klooster, wordt meestal geassocieerd met 'hopeloze' gevallen. Ik zie er naar uit om Chanoeka met hen te vieren.
De bewaker wuift naar me als ik de auto op de binnenplaats rijd. Op het platte dak van het oude gebouw, omringd door palmbonen en cipressen, hangen kleurige lakens en handdoeken te drogen in de milde december zon. Vanuit de keuken, gelegen onder de hoofdingang van het gebouw, klinkt geschreeuw – zo te horen gaat Gabriëlla weer tegen haar collega's te keer. Ik beklim te trappen en zigzag dan door een labyrint van gangen naar de grote zaal op de tweede verdieping.

Een kakofonie van geluiden begroet me als ik de stampvolle ruimte betreed.

"O, fijn dat je kom komen! Welkom!" Verschillende mensen geven me een 'hug'. Toegewijde stafleden en aan rolstoel gebonden kinderen, hun gezichten stralend van verwachting, staan langs de muren van de zaal opgesteld. De normaal zo sombere ruimte is nu versierd met kleurrijke banieren, slingers en lichtjes.

Na'il, onze zwaar gehandicapte pleegzoon is verbaasd me te zien. Kom ik hem hier vandaan halen? In Hebreeuwse gebarentaal leg ik hem uit dat we niet naar de dokter gaan, maar dat ik het feestje kom filmen.

De muzieklerares zet een lied in, de volwassenen beginnen te zingen – het feest is begonnen. De meeste kinderen kunnen niet praten, maar begrijpen de taal van ritme en muziek. Heen en weer wiegend in hun rolstoelen, klappen sommigen onhandig in hun handen – ze vinden het prachtig!

Iedere klas representeert een Chanoeka thema. Op de achterkant van de rolstoelen zijn kartonnen tekeningen bevestigd waarop of een *dreidel* (tol), een kaars, een fakkel of een kannetje staat.

"Ze zijn er wekenlang mee bezig geweest," fluistert Jackie, het hoofd van de school.

Om de beurt worden de verschillende klassen door het middengedeelte van de zaal gereden. De blijdschap straalt van hun gezichten. We zingen en klappen voor hen en ik weet niet wie er meer genieten, de kinderen of de schoolstaf.

"Fantastisch, nietwaar?" Zuster Susan straalt als ze voorbij rent, in een poging zoveel mogelijk foto's te nemen.

Na'ils nieuwste hobby is kaarsen uit spugen – een goede oplossing als je niet kunt blazen. Iemand heeft hem uit de wandelwagen gehaald en hij is nu op weg om zijn kunsten te vertonen. De acht brandende kaarsen staan gelukkig stevig in met zand gevulde doosjes. Ik dwing mezelf om niet in te grijpen en laat hem aan Ora, zijn lerares over.

"Nog niet, jongeman!" Ze neemt het jongetje in haar armen – hij is licht en klein voor zijn acht jaren – en brengt hem terug naar zijn groep, waarvan de kinderen geduldig in hun stoelen wachten. De staf moet op hun tenen lopen om Na'il in de gaten te houden, maar ze vinden het prachtig. Zijn klas, het kannetje, loopt een rondje terwijl we zingen: *'Kad katan'*, klein kannetje.

Eliyahu, Na'ils favoriete muziekleraar, zet hem op zijn schouders en host in het rond. Na'il schatert van het lachen, hoe wilder hoe beter, terwijl ik mijn hart vast houdt. Ik ben blij als wij weer veilig op de grond gezet wordt.

"Nee, je kunt nu niet rondlopen! *Savlanut,* geduld!" Ora zet Na'il weer vast in zijn wandelwagen.

Yuval de clown komt binnen. Zijn trucs met ballonnen maken de kinderen nog meer opgewonden. Na'il is geïntrigeerd door een rubberen kip die uit een hoed komt. Ora laat hem zijn gang gaan en hij volgt Yuval op de voet. De clown ziet Na'ils ritmische bewegingen – hij voelt de vibraties met zijn voeten. "Wil je dansen?" Heel voorzichtig pakt Yuval de kleine, klauwvormige handjes en samen schuifelen ze heen en weer. Hij had de kleine jongen geen mooier cadeau kunnen geven.

"Wat is dit?" vraagt de clown aan een ander kind, terwijl hij een aap-handpop voorhoudt.

"*Abba!* Pappa!" schreeuwt het uitgelaten jongetje terwijl hij een roffel op zijn rolstoel tafel geeft en zijn hoofd op en neer beweegt.

De lichten worden gedimd. Iedere klas steekt hun Chanoekia aan en tientallen kaarsen verlichten nu de donkere zaal. Na'il kan bijna niet wachten, want dit is zijn 'specialiteit'.

"Nee, nog niet! Er komt nog meer!" Rina, de klassen assistent houdt hem stevig op schoot, op veilige afstand van de brandende kaarsen. Als de sterretjes worden aangestoken gloeien de kindergezichten van het wonder - voor hen is het iedere keer weer een nieuwe en opwindende belevenis.

De kaarsen maken een sissend geluid als Rina eindelijk toestemming geeft en Na'il de kaarsen uitspuugt. Vol verwondering kijkt hij naar rokende pitten.

Een jongen probeert een met jam gevulde *soefganijah* te eten. Liefdevol veegt Jacky een stukje donut van zijn wang. "Heb je genoten, lieverd?"

"Ahhh!" antwoordt hij met een brede grijns. Zijn lekkernij vliegt door de lucht wanneer hij met zijn handen wild begint te zwaaien.

Het feest is voorbij. Buiten haal ik diep adem – de lucht is fris, ik hoor vogels zingen en geniet van de vredige omgeving. Gelukkig kom ik geen tegenligger tegen op de smalle, steile, slingerende weg naar beneden die achter Ein Kerem's Mariabron loopt. Een groep toeristen blokkeert de weg en vertoont geen haast om uit weg te gaan.
Onderwijl denk ik aan het voorrecht om in Jeruzalem te mogen wonen; over onze interactie met bijzondere mensen. En de aanstekelijke blijdschap van deze zogenaamde 'hopeloze gevallen', die neem ik met me mee naar huis.

12

'Eenvoudige' wonderen

2003 begon met een dreigende tweede Golfoorlog. Net zoals de vorige keer, moest Israël zich weer op alle mogelijke scenario's voorbereiden.
In februari kreeg het hele gezin nieuwe gasmaskers. Voor de kinderen waren er aangepaste maskers. De plastic kap had een rubberen slang die verbonden was met een op batterijen werkend motortje. Toen Na'il het masker ging passen leek hij wel op een astronaut. Hij was zo geobsedeerd door het masker dat we het verstopten en hem met de lege doos lieten spelen..

Over het hele land veranderden de zware winterregens kleine stroompjes in bruisende rivieren en dagelijks hoorden we op het nieuws hoeveel centimeter het Meer van Galilea gestegen was. Dat was goed nieuws en daar hadden we in die dagen groot tekort aan!
En toen begon het weer te sneeuwen! We hadden nooit geweten dat er in Israel zoveel sneeuw kon vallen. Zondag 23 februari was voor Jeruzalem een sneeuwalarm uitgeroepen. Maandag, rond het middaguur, begonnen de eerste vlokken te dwarrelen. Om 14.00 uur waren alle scholen gesloten en maakten bezorgde inwoners dat ze naar huis kwamen. Het verkeer was een grote puinhoop!
Vrijdag waren de kinderen nog steeds thuis en genoten van de onverwachte schoolvakantie. Na'il bleef ons maar zijn gele laarzen brengen, dus namen Wim en ik hem om de beurt mee door de zware sneeuw. Dit kind zou het liefst de hele dag buiten zijn gebleven. Op het balkon bij de huiskamer bouwde Wim een sneeuwpop die hij 'Witte Bennie II' noemde.

Na'il had soms last van zogenoemde 'tics' en we werden doorgestuurd naar het Hadassa ziekenhuis om een EEG te laten maken. Na'il was helemaal blij toen hij daar naar toe mocht, maar was verbaasd Machmoed daar te zien, die moest tekenen voor het roesje.

Doordat Na'il de werkelijke 'pret' zou missen terwijl hij onder narcose was, nam ik een heleboel foto's. De uitslag van de test was normaal en de oorzaak van deze tics werd nooit gevonden. Later begon ik een patroon te herkennen: Na'il had er alleen last van wanneer hij zich niet 100% voelde. Ze verdwenen zodra hij zich weer goed voelde.

De staf van de *Ma'ayan* school vroeg of ik hen wat gebarentaal kon leren. Het was zo ontzettend leuk om te doen en ik genoot er altijd van als anderen ook enthousiast werden over dit prachtige, expressieve communicatiemiddel. Vanwege zijn stijve armen en vingers kon Na'il de doventaal zelf niet gebruiken, maar begreep meestal wel wat we 'zeiden'.

Vanwege de oorlogsdreiging had niemand zin om het Poerimfeest te vieren. Onze bunker kamer was gevuld met blikgroenten en flessen mineraalwater. Zelfs het weer paste bij de landelijke gemoedstoestand: met stof gevulde luchten werden gevolgd door onweersbuien. Onze levens waren vermengd met oorlogsdreiging en de alledaagse zorgen voor ons bijzondere gezin. Wij geloofden dat iedere dag de mogelijkheid op een wonder in zich meedroeg.

Het was zelfs beter dan een feestje! Om er zeker van te zijn dat Na'ils albinisme geen invloed had op zijn ogen, wilde de oogarts speciale oogfoto's laten maken.
Na'il negeerde zijn moeder Samiera en kleine zusje toen ze naar het ziekenhuis kwamen om te tekenen voor de verdoving in de vorm van een roesje.

"Laten we het eerst via een zetpil proberen," stelde de narcotiseur voor.

Dit had dus het tegenovergestelde effect op Na'il. In plaats van rustig en sloom te worden, sprong hij bijna uit zijn kinderbedje. Hij werd helemaal niet slaperig, maar steeds meer opgewonden en hyperactief.

"Tja, dit gebeurt soms bij deze kinderen," zei de dokter. "Helaas kan ik hem nu geen infuus met slaapmiddel meer geven."

We hadden geen andere keus en Na'il moest de test nu klaarwakker ondergaan. Het was een hele toer om hem stil te houden, want alles was zooooo opwindend!

Ik had gelezen over een cochleair implantaat, een elektronisch apparaat dat er voor zorgt dat dove kinderen kunnen horen. Dat apparaat zou naar mijn inzien Na'il kunnen helpen bij zijn ontwikkeling. Dr. Sheffer was meteen enthousiast en schreef twee benodigde verwijsbrieven.

Het werd een maand met een gouden randje voor Na'il. De CT scan van zijn gehoorkanaal werd in een ander ziekenhuis gemaakt. Nadat Machmoed het formulier voor de narcose getekend had, bleef hij nog een tijdje bij zijn zoon. Ik zag dat hij op zijn manier echt van hem hield. Na'il reageerde afstandelijk, en had alleen maar aandacht voor zijn infuus.

Eind maart hadden we meer sneeuw, hagel en stormen over het land. Een paar dagen later veranderde het winterweer in een hittegolf! Dat viel samen met een staking van de vuilophaaldienst – Jeruzalem stonk! Het gezegde was maar al te waar:

"In Israel gaat het leven je niet voorbij,
het gaat dwars door je heen!"

We hadden Na'il geen mooier cadeau kunnen geven – hij moest beginnen met een orthodontische behandeling. We kenden professor Becker van de tijd dat ook Nadia naar de 'beugeltjes tandarts' ging. Hij was een expert in het behandelen van moeilijke gevallen. Velen noemden hem een 'mensch' – hij was een schat van een man met een hart van goud. Na'ils eerste behandelfase was een eenvoudige beugel. Hij vond het passen en gefrunnik in zijn mond leuk, maar het dragen van de beugel was een heel ander verhaal.

"Wel," grinnikte professor Becker, "hij is een uitdaging, maar we zullen winnen!"

Daar, op de tweede verdieping van de tandartsschool, werd Na'il opnieuw de ster van de afdeling. Ons kleine mannetje bracht altijd plezier en hilariteit zodra hij de afdeling op kwam.

Op de 27e mei werd Na'il negen jaar. Hij was langer geworden, maar niet dikker, en ik herinnerde mij een uitspraak van een Alyn dokter, die me met pretlichtjes in zijn ogen zei: "Stop met redeneren als een Jiddische mama! Hij zal nooit dik worden!"
Het schoolfeestje werd buiten in de schaduw gevierd. Zoals altijd deden ze spelletjes, zongen ze liedjes, werd er gelachen en werden er cadeautjes gegeven. We voelden ons zo bevoorrecht om deel te mogen zijn van deze groep bijzondere mensen!

Langzaam maar zeker was Na'il Joke ontgroeid. Ze kon niet langer tegemoetkomen aan zijn behoeftes en nu was het Wims beurt om Na'il mee te nemen op lange wandelingen naar parken en speeltuinen. Het leek wel alsof hij er een neus voor had. Met zijn been wees hij de richting aan en het gebeurde heel vaak dat Wim in een onbekende wijk een bocht om kwam en tot zijn verbazing een speeltuin zag.
Soms renden de kinderen gillend weg, maar gelukkig waren er anderen, voornamelijk religieuze kinderen, die bij Wim kwamen staan en vragen stelden over Na'il. Zij accepteerden hem zoals hij was en dat kwam omdat in hun gemeenschap de gehandicapte kinderen geïntegreerd waren.

"Israël is een land waar maar weinig als vanzelfsprekend wordt beschouwd, waar zelfs de kleinste gebeurtenis vaak wordt gezien voor het wonder dat het is."

Voor ons waren dat ontmoetingen met kinderen en volwassenen die een groot hart hadden. Daarbij kwam nog een groter wonder – het oorlogsgevaar was (voorlopig) afgewend.

De zomervakantie was in aantocht – twee hele weken waarin wij onze hersens moesten breken hoe we Na'il bezig konden houden.

Dit, tezamen met het warme weer, was niet bepaald mijn meest favoriete tijd van het jaar. Wim nam vakantie en Na'il vergezelde hem regelmatig op ritjes naar het centrum. Uiteraard bracht de kleine jongen extra veel tijd in de badkuip door.

Keftsuba was een klein pretpark niet ver van Jeruzalem, een favoriete plek voor schoolreisjes. Na'il vond het daar prachtig, in het bijzonder de botsautootjes. Ik vond het maar zo zo, en keek bezorgd toe terwijl vader en zoon de tijd van hun leven hadden. Ik was volkomen uitgeput toen we weer naar huis reden, maar blij dat Na'il in ieder geval genoten had.

Een paar dagen later gingen we met Na'il en Nadia naar een groot pretpark aan de kust. De kinderen genoten en na verloop van tijd begon ook ik me te vermaken. Doordat we vlakbij zee waren, zorgde de heerlijke bries voor de nodige verkoeling.

Na'ils favorieten waren de kabelbaan en het reuzenrad. In de dagen daarna sleepte hij constant zijn foto album naar ons toe. Met een glorieuze glimlach, lief en hoopvol, tikte hij dan met zijn teen op het reuzenrad. Of de botsautootjes, of.....

In november vloog Wim naar Nederland voor een bezoek aan familie en vrienden, terwijl ik het fort bewaakte en de kinderen en de honden verzorgde.

"Ik let wel even op Na'il," bood Zehava, onze buurvrouw aan. "Kan jij even rustig met de honden wandelen."

Toen ik tien minuten later thuis kwam, rende Zehava op me toe: "Dit ga je niet geloven!" Ze vertelde wat er gebeurd was.

Ik wist dat Na'il me de deur uit had zien gaan, dus vroeg ik me af wat hij had uitgespookt. "Zodra je weg was...," zei Zehava lachend, "ging Na'il rechtstreeks naar de TV/video. Hij stak zijn voet in de recorder, deed de TV aan, speelde met de verboden lichtknopjes en racete toen naar de badkamer om de kraan open te zetten...!"

In recordtijd had hij het voor elkaar gekregen om alle verboden dingen te doen. *Tjonge,* dacht ik*, accepteer ik ook eens een keer hulp.*

"Ik probeerde streng te kijken," zei Zehava, "en wuifde met mijn vinger dat het niet mocht, maar hij lachte me gewoon in m'n gezicht uit en ging verder met zijn ondeugd."

De volgende keer dat ik met de honden uit moest, zorgde ik er in ieder geval voor dat Na'il me niet zag vertrekken.
Twee dagen voordat Wim terug zou keren naar Israel, begon Nadia zich agressief te gedragen tegen Fahima. Haar gedrag verergerde, maar ik beschouwde het als een 'probleem' waar we mee om moesten gaan en schonk er niet te veel aandacht aan. We hadden met Moshiko, die aan borderline (een ernstige persoonlijkheidsstoornis) leed, zo ontzettend veel meegemaakt, dat we dit ook wel zouden overleven. Althans, dat dacht ik.

Nadia's dovenschool vond haar gedrag zo zorgwekkend, dat ze me adviseerden meteen naar het ziekenhuis te gaan, voor een consult met een psychiater. Na een lange, uitputtende dag werd bij Nadia een psychose geconstateerd en ze werd meteen op de psychiatrische afdeling van het Mount Scopus ziekenhuis opgenomen.
Het was het begin van een hele intensieve, traumatische en uitputtende periode. De verpleging had geen tijd voor Nadia's lichamelijke noden, waardoor ik twee, soms drie keer per dag naar de andere kant van de stad moest rijden.
In deze periode waren we ook druk bezig met de voorbereidingen van het plaatsen van een cochleair implantaat bij Na'il. Ik nam hem mee naar Hadassa Ein Kerem voor een MRI van zijn hoofd. Een paar dagen later bezochten we de audiologie afdeling voor een gehoortest. Na'il vond het allemaal geweldig opwindend!

Een paar dagen later begon hij te spugen en doordat dit samen ging met diarree en hoge koorts, belandden we weer op de Eerste Hulp. Na'il vond het prachtig dat hij een infuus kreeg en we samen een nachtje mochten blijven slapen. Pas de volgende middag werd hij ontslagen, want hij was behoorlijk uitgedroogd.
Ons leven leek wel een achtbaan!

Te zwak om naar school te gaan, moest ik hem meenemen als ik naar Nadia ging - die nog steeds in Hadassa Mount Scopus, bij de Olijfberg lag – om haar te helpen. Als Wim Nadia 's middags ging bezoeken nam hij Na'il altijd mee, die het prachtig vond om dit voor hem onbekende gebied te onderzoeken.

Eind december 2003 keken we terug op een heel bewogen jaar. Het was niet eenvoudig om onze problemen één voor één het hoofd te bieden – ze kwamen altijd onverwacht en liefst allemaal tegelijk, maar op de een of andere manier, door Gods genade, hadden we het overleefd.

Met hernieuwde hoop keken we uit naar wat 2004 ons zou gaan brengen.

13

Pijn, beproevingen en tijden van groei

2004 begon met de vraag of we Na'ils geplande ingreep voor het plaatsen van een cochleair implantaat door zouden laten gaan of niet. Zou Nadia emotioneel en psychisch sterk genoeg zijn om mijn langdurige afwezigheid aan te kunnen, als ik bij Na'il zou moeten blijven tijdens de langdurige opname? Hoe zou ze reageren als nu opeens Na'il alle aandacht kreeg nadat ze eindelijk, na twee lange maanden, weer uit het ziekenhuis ontslagen werd?

In februari maakten we een aardbeving mee. Het was geen grote, 'maar' 5 op de schaal van Richter, waarvan het epicentrum bij de Dode Zee lag, maar ik had het wel gevoeld. Vele Israëli's hadden hoge flatgebouwen heen en weer zien bewegen – een enge belevenis. Drie dagen later lag het Jeruzalemmer verkeer weer plat vanwege een sneeuwstorm. Mensen uit Tel Aviv trokken en masse naar de hoofdstad, waardoor het verkeer een nog grotere puinhoop werd.

Dichterbij huis was er ook opwinding: preoperatief moest Na'il ingeënt worden tegen Meningitis (hersenvliesontsteking). Terwijl ik foto's nam, gaf onze beneden buurman, dokter Micha, Na'il zijn injectie. Hij werd later helemaal gefascineerd door die foto's en bleef met zijn teen op de injectiespuit tikken - hij wilde meer!
Het was een bijzonder kind, en dat was hij!

22 februari bleek een dag te zijn waarop alles tegen liep: doordat onze auto wilde niet starten miste ik de *Briet Milah* (besnijdenis) van de eerstgeboren zoon van een vriendin. Opnieuw werd een bus aan flarden geblazen door een gehersenspoelde Arabische terrorist. Er kwamen schoolkinderen, ouders en een soldaat bij om. Het was de 110^{e} zelfmoord bomaanslag in 3 ½ jaar van geweld. Zou het dan nooit ophouden?

Er zou iemand komen die ons op het snelle internet (ADSL) zou aansluiten. Hij belde op het laatste moment af. Wim reed naar het Ben Gurion vliegveld om zijn Amerikaanse 'moeder' Betsy op te halen. Hij liet zijn jas (met sleutels) in de auto, sloeg de achterbak dicht en sloot zichzelf buiten. Een speciale (dure) service maakte de auto weer open met behulp van een metalen klerenhanger. Gelukkig kwamen Wim en Betsy heelhuids in Jeruzalem aan!

In die periode kregen zowel Nadia als Fahima griep, compleet met snotneuzen en een gemene hoest. *Als Na'il maar niet wordt aangestoken!* dacht ik bezorgd.
Toen het erop leek dat Fahima longontsteking had, werd ik heel erg bezorgd. *Dat red ik echt niet, Heer. Ik kan geen dubbele ziekenhuisopnames aan! We hebben een wonder nodig!*
Gelukkig liep alles goed af en herstelde Fahima gewoon thuis.

Na'ils preoperatieve bloedonderzoek vond plaats in het zorgcentrum waar hij nog nooit eerder geweest was. Ik moest daar vaker heen om verwijzingen aan te vragen of op te halen, maar hij hoefde nooit mee. De kinderarts kwam haar patiënt, die ze nog nooit in levenden lijve gezien had, eens van dichtbij bekijken. "Buiten zijn syndroom is Na'il zo gezond als een vis," grapte ik altijd.

Purim werd dat jaar met de gebruikelijke fanfare gevierd en Na'il vond zijn piratenkostuum, compleet met haak, heel erg leuk.
Met een stel Nederlandse vrienden vierden we Fahima's en Nadia's verjaardagen en de gasten kwamen verkleed naar het feestje. Na'il keek zijn ogen uit en was nieuwsgierig wat voor drankje de volwassenen in hun glas hadden. Behalve zijn flessenmelk (van een speciale samenstelling) wilde hij niets anders drinken of eten, maar tot onze verbazing nam Na'il een slokje wijn. Dat vond hij zo lekker dat hij lachend en bedelend van gast naar gast ging. We hadden zo'n plezier, helemaal toen hij vervolgens ook nog de kaarsjes probeerde uit te blazen.

Dinsdag 9 maart. Tijd om de tassen te pakken voor de ziekenhuis opname.

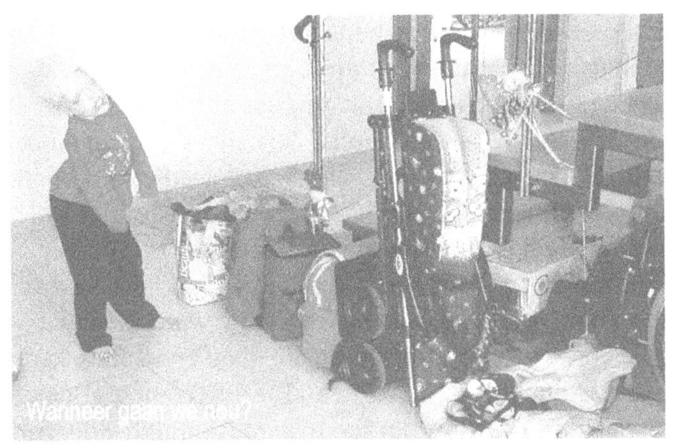

Machmoed moest naar het ziekenhuis komen om de opname formulieren te tekenen en ik had hem eerder nog gevraagd of ik hem daar tegen die tijd nog aan moest helpen herinneren.

“Nee hoor,” had hij geantwoord. “Je hoeft me niet te bellen, ik zal er zijn.”

Toen Na’il het plakboek zag dat ik ter voorbereiding van zijn operatie gemaakt had, werd hij helemaal opgewonden. Denkend dat hij het wel leuk zou vinden, hadden we een BBC programma over zo’n operatie opgenomen. Hij was echter meer geïnteresseerd in zijn tandartsvideo, waarop een van zijn behandelingen stond. Vooral van de close-ups kon hij nooit genoeg krijgen!

Woensdag 10 maart, 8.30 uur. Hadassa ziekenhuis, KNO kliniek.

“Zonder de handtekening van Na’ils biologische vader kan hij niet worden opgenomen,” zei de verpleegkundige. “Hij moet de papieren tekenen en snel ook, want je hebt een vol programma vandaag.”

Ik greep naar mijn mobiel. “Machmoed! Waar ben je?”

“Oeps! Vergeten! Ik kom er aan!”

Mijn hart zonk in m’n schoenen. *Is alle planning nu voor niets geweest?* vroeg ik me af.

Zelfs toen Machmoed een half uur later verscheen, was onze lijst van afspraken en consulten al helemaal in de war, waardoor alles heel erg uitliep. Op de kinderafdeling stelde de verpleegkundige allerlei vragen, waaronder: “Hoeveelste vrouw ben jij?”

Ik begreep eerst niet wat ze bedoelde, totdat het tot me doordrong dat ze aannam dat Machmoed en ik getrouwd waren. We hebben er hartelijk om gelachen, maar toen we naar de volgende afspraak op de lijst gingen, was ik er op voorbereid: "Ik ben Na'ils pleegmoeder."
De verpleegkundige van de afdeling anesthesie gaf Na'il een zuurstofmasker mee naar huis – een pracht cadeau!
We moesten heel lang wachten voordat de dokter tijd had voor Na'il en toen weigerde het nieuwe computer programma mee te werken. Na'il vond het niet erg, zolang hij maar kon 'watertanden' bij het zien van al die enge medische attributen die in de onderzoekskamer lagen. Voor ons was het een ander verhaal. Toen de computer eindelijk naar behoren werkte, kon de dokter aan Machmoed uitleggen wat er tijdens de operatie allemaal ging gebeuren, waarna hij het formulier met toestemming voor de operatie tekende. Hij was duidelijk opgelucht dat hij nu eindelijk kon vertrekken en de rest van zijn zoons opname aan mij kon overlaten.

Na'il en ik werden toen in een kamer vol met artsen in groene en witte jassen binnengelaten.

"Dit is Na'il, een patiënt met het Klein-Waardenburg Syndroom," begon een van de dokters zijn verhaal.

Na'il keek de kamer rond, koos een 'groene' dokter uit en liep naar hem toe.
De dokter ging verder met zijn verhaal over de geplande chirurgische ingreep, inclusief persoonlijke achtergrondinformatie over Na'il. Niemand luisterde echter, want zijn collega's hadden alleen oog voor Na'il die voor de duidelijk verlegen dokter bleef staan.

"Wat wil hij van me?" vroeg de groene dokter.

"Hij wil bij je op schoot zitten!"

Ondertussen bleef de ene dokter zijn best doen patiënt Na'il te bespreken, maar iedereen lag dubbel om Na'ils gedrag. We maakten zo'n kabaal dat professor Elidan kwam kijken wat er aan de hand was. En zo ging het nu altijd. Na'ils doktersbezoeken waren gevuld met plezier en gelach, omdat hij dol op ze was. Een ongebruikelijk fenomeen.
Aan het einde van de uitputtende dag gaf de verpleegkundige van de kinderchirurgie afdeling ons toestemming om naar huis te gaan.

Gelukkig, want ik stond onderhand op instorten, maar voor Na'il was het een SUPER dag geweest!

Donderdag 11 maart. Mijn knallende hoofdpijn was geen goed begin van de zware dag die we voor de boeg hadden. Ik had iedere gram energie en kracht nodig die er was. Gebed, sterke medicatie en coca cola sleepten me er doorheen.
Op kinderchirurgie werd Na'il opnieuw de ster van de afdeling. Omdat een andere operatie was uitgelopen, had hij nu extra tijd om de vele interessante kamers van zijn favoriete afdeling te onderzoeken. Eindelijk bracht een broeder ons naar de operatie kamers. Gekleed in overjas, muts en overschoenen mocht ik opnieuw met Na'il mee naar binnen. Vanuit zijn ziekenhuisbedje in de voorkamer kon hij de operatiekamer zien; die aanblik maakte hem zo opgewonden, dat hij bijna z'n bed uitsprong! Iedereen lag dubbel van het lachen en het hoogtepunt kwam toen ik hem op de operatietafel neerlegde. Diep inhaleerde hij de narcose en viel meteen in slaap.

"Bye, bye, *Ima!"* zei de narcotiseur.

Ik moest vertrekken. Een laatste kus op zijn voorhoofd, een blik over mijn schouder, en ik moest mijn kostbare jongetje achterlaten in de handen van de vakkundige medische staf en Na'ils beschermengelen.

Noch de CT scan, noch de MRI hadden anatomische oneffenheden in Na'ils binnenoor laten zien. Na de drie uur durende operatie vertelde professor Elidan dat er toch een aantal verrassingen waren geweest.

"Maar het lijkt er op dat alles in orde is," verzekerde hij me.

Tegen 20.00 uur mocht Na'il terug naar de afdeling kinderchirurgie, dit keer naar medium care. Het was een grote zaal met zeven patiënten en hun moeders.

Buiten de verwachte hoofdpijn deed Na'il het prima en hij genoot van iedere minuut van zijn opname – zelfs van de bloedonderzoeken!
Een bezoek van zijn biologische familie veroorzaakte verwarring onder de voornamelijk Arabische moeders op zaal. Omdat ze onderling Arabisch spraken begreep ik niet waarom Samiera opeens in huilen uitbarstte.

"Wat is er?" vroeg ik Machmoed in het Hebreeuws.

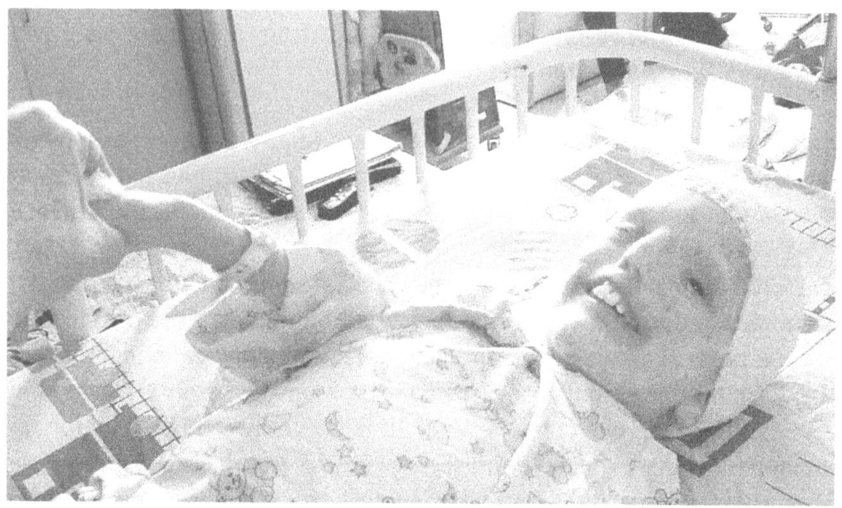

Lachend vanwege het bloedprikken!

"Deze moeders denken dat jij Na'ils echt moeder bent, omdat je zoveel van hem houdt," legde hij uit.
Ik voelde me opgelaten en had medelijden met Samiera.

15 maart mocht Na'il naar huis, maar nog niet naar school. Dat kon pas nadat de agraves (heuse nieten!) waren verwijderd. Vanwege ons ruime huis en oprit kwam Na'ils klas hem thuis met een bezoek vereren. Hij genoot van de aandacht en de kinderen vonden het onverwachte uitje geweldig.
Het grootste gedeelte van zijn 'vakantie' bracht Na'il door met het bekijken van zijn ziekenhuis plakboek. Met zijn voet bleef hij maar tikken op de foto van de tassen onder aan de trap – hij wilde weer! Rare kerel!
De wond had tijd nodig om te genezen en het duurde ook even voor al het gezwollen weefsel weer geslonken was.

Op 25 april hadden we een afspraak om Na'ils *shetel* - spraakprocessor te laten aanmeten. Dit keer waren wij degenen die heel erg opgewonden waren! We hadden zo uitgekeken naar dit moment. Na'il was dreinerig omdat hij zo lang moest wachten in de lange, lege gang. Een ander jongetje kreeg ook een *shetel* aangemeten en zijn gekrijs was van verre te horen.

Hoe zal Na'il reageren? vroeg ik me af.
De kleine behandelkamer was overvol. Ora, haar assistente, de spraaklerares, muziek lerares, drie audiologen en wij drieën moesten er allemaal in. Terwijl ik Na'il probeerde af te leiden met een dik fotoboek, legde Wim het hele gebeuren op video vast. Na tijdrovende computerinstellingen werd de processor aangezet. Natuurlijk hadden we gespeculeerd over Na'ils reactie: zou hij reageren met "ggggchchchc!", wat betekende dat hij blij was. Of zou hij "ah, ah,ah," of "oh, oh, oh," geluiden maken?

Zoals altijd verraste hij iedereen met zijn reactie.
Toen de eerste geluiden verzonden werden, zat Na'il doodstil, met een blik van totale verrassing op zijn gezichtje. Geleidelijk brak de meest lieve en prachtigste glimlach door die we ooit van hem gezien hadden. Bijna iedereen kreeg er tranen van in de ogen.

"Na'ils gehoorontwikkeling is als die van een baby," legde de audioloog uit. "Zijn hersenen moeten leren geluid te herkennen, daarom moeten we het programma stukje bij beetje opbouwen."
Ieder nieuw geluidsniveau dat aan de processor werd toegevoegd bracht dezelfde hemelse lach tevoorschijn.
Na'il was al te oud om nog te leren spreken, maar samen met zijn communicatiebord en de *shetel,* keken we uit naar een opwindende tijd. Druk en intensief ook, maar ik had het er graag voor over om hier veel tijd en energie in te steken en ons kostbare kind de gelegenheid te geven om verder te groeien en zich te ontwikkelen.

Iedere morgen als we Na'il aansloten, trakteerde hij ons op die glorieuze glimlach, zoals alleen hij dat kon geven!

Het leek wel alsof onze levens om ziekenhuizen draaiden. Voor Na'il maakte het niet uit of het zijn eigen opname was (wel leuker natuurlijk) of die van iemand anders.
Nadia's blaasontsteking was nierbekkenontsteking geworden, waardoor ze met spoed werd opgenomen.

Welkom op de 5e verdieping, kamer 5 van het Hadassa ziekenhuis!
We hertraden de bijzondere ziekenhuiswereld.
Een kamer met vier patiënten en hun familieleden creëerde 'instant' families. De patiënt in de beste conditie hielp de meest hulpeloze op zaal. Familieleden die regelmatig op bezoek kwamen brachten hun eigen interessante verhalen mee.
Nadia had 24 uur per dag zorg nodig, wat betekende dat ik van 7.00 tot 19.00 uur bij haar bleef. Wim nam dan de avond en nachtdienst voor zijn rekening, waarbij hij in een 'gemakkelijke' stoel naast haar bed probeerde te slapen.
Natuurlijk vond Na'il het prachtig om zijn grote 'zus' te bezoeken en de voor hem nieuwe afdeling te bekijken. Hier waren heel wat opwindende dingen te zien, zoals katheterzakken en andere medische apparaten. Hij was teleurgesteld toen Nadia weer naar huis mocht.

Opgewonden lag Na'il in de stoel van de orthodontist, terwijl hij een nieuwe beugel kreeg. Deze inhouden was een ander verhaal. Hoewel hij zijn armen niet kon gebruiken, vond hij ingenieuze manieren om de beugel er uit te krijgen – hij gebruikte of zijn knie, of de hoek van een tafel of kast. Wij en de staf van de school kregen de zenuwen omdat we bang waren dat de dure beugel op een goede dag verdwenen zou zijn. Straf en waarschuwingen hielpen niet – hij zag het als een sport.
Professor Becker moest lachen toen ik hem over Na'ils tactieken vertelde. "Ik denk dat we daar wel een oplossing voor hebben," zei hij en boorde een paar gaatjes in het plastic. "Met zijn tong zoog hij de beugel vacuüm, maar dat kan nu niet meer. Succes!"
We vertrokken weer. Vijf minuten later vloog Na'ils beugel alweer door de lucht!
Ik weer terug naar de professor, die er hartelijk om moest lachen.
"Ik moet eerlijk toegeven dat het er naar uitziet dat deze jongeman het gewonnen heeft," zei hij grijnzend. "Laten we een jaartje wachten. Misschien werkt hij dan wat meer mee."
Ik hoopte het van harte, maar was er niet zo zeker van.

Het was een lange, hete zomer, en Nadia kreeg griep. Tenminste, dat dachten we. Het bleek om bloedvergiftiging te gaan, veroorzaakt door haar nierproblemen.

De enige manier om de terugkerende infecties te voorkomen was het aanbrengen van een nierdrain (nefrostomiekatheter) rechtstreeks in de nier. Na'il week niet van haar zijde toen ze eindelijk thuis kwam met twee katheterzakken aan haar rollator.
Nadia's kamer leek op een privé kliniek en ik vond Na'il vaak 'kwijlend' bij het blad met medische spullen. Hij probeerde altijd de injectiespuiten te pikken, die hij dan in zijn kamer verstopte.

"Als je voor een stopbord wacht totdat het groen wordt is dit een teken dat je oververmoeid bent."

Die uitspraak las ik in een boek van Barbara Johnson. In die periode had ik een dubbele dosis humor nodig om staande te blijven!

De hectische dagen gingen over in weken en maanden en inmiddels was het november geworden. Nadia was opnieuw opgenomen voor de verwijdering van een inwendig slangetje in haar urineleider. De dag van de operatie viel samen met een seminar over cochleaire implantaten voor gehandicapte kinderen, waarin de behandeling van Na'il als voorbeeld getoond werd.
Rond het middaguur was Nadia stabiel genoeg om even alleen te blijven. Ik rende naar het auditorium, net op tijd om Na'ils gedeelte te kunnen horen. Toen ik dat bijzondere moment opnieuw zag op het grote scherm in het auditorium kreeg ik weer tranen in mijn ogen – het was zo bijzonder!

Wat een eenvoudige verwijdering van het urineleider slangetje had moeten zijn mondde uit in een tweede bloedvergiftiging, waar Nadia negen dagen voor nodig had om er van te herstellen. Zodra Na'il uit school thuis kwam wilde hij altijd meteen naar het ziekenhuis. Na een voor hem lange tijd van ongeduldig wachten nam Wim hem dan rond 17.00 uur mee naar het ziekenhuis. Eenmaal op de afdeling was Na'ils eerste gang altijd naar de artsenkamer. Waarom dit zijn favoriete kamer was snapten we niet, want er was niets bijzonders te zien.
Een Arabische dokter sloot Na'il in zijn hart en als hij dienst had nam hij het kereltje op de arm mee naar de mannenzaal.

Als Na'il onder mensen was die hem volkomen accepteerde zoals hij was, had hij geen last van verlegenheid – dan genoot hij met volle teugen. Toen een van de Arabische verplegers hoorde dat Na'il spuiten 'verzamelde' (zonder de naalden) kreeg hij iedere keer een andere spuit voor zijn groeiende collectie. Gewoon door zichzelf te zijn bracht Na'il altijd hilariteit, vreugde en plezier op de afdeling,

Tijdens die toch ook slopende weken zocht ik wanhopig naar een 'handvat' om door te kunnen gaan en probeerde ik me te focussen op Gods genade en kracht.

"Als we ervoor kiezen te zeggen:
Ik ben precies op de plaats waar ik op dit moment behoor te zijn, dan houden we op kostbare energie te verspillen
met te hopen dat de situatie anders zou zijn,
of door te verlangen naar andere omstandigheden."

Charles Swindolls wijze woorden waren zo'n bemoediging tijdens deze moeilijke periode. Door dit alles leerden we niet alleen tevreden te zijn, maar oprecht dankbaar!

Er waren ook heel wat zegeningen: de bijzondere mensen die we leerden kennen tijdens de ziekenhuisopnames; de juffrouw van de koffiecorner die, toen ze over ons bijzondere gezin hoorde, mij altijd korting gaf; en de bewakers bij de ingang die me binnenlieten zonder onze tassen te controleren, omdat ze ons inmiddels kenden.

Opnieuw vierden we Chanoeka, het Feest van het Licht, één van Na'ils favoriete feesten. Niet vanwege de *Suvganiots* of de latkes of de *dreidels*, maar omdat er altijd zoveel kaarsjes waren die hij kon uitblazen.... (Dat had hij inmiddels geleerd.)

Het was weer een intens jaar geweest. Maar opnieuw was de Here God onze Sterke Toren, een altijd aanwezige hulp in moeilijkheden.

14

Nog meer levenslessen

In januari 2005 bevonden we ons weer op de 5e verdieping, kamer 5 van het Hadassa ziekenhuis en hoopten dat dit Nadia's laatste urologische operatie zou worden.
Die zondagmorgen had Na'il niet gezien dat ik de tassen gepakt had, noch had hij me de deur uit zien gaan. Toen hij 's middags uit school kwam en mij niet thuis trof, ging hij rechtstreeks naar Nadia's kamer (waarschijnlijk ook omdat hij meteen door had dat er een rolstoel ontbrak). In een oogwenk doorzag hij de situatie, trok meteen zijn wandelwagen onder de trap vandaan, om vervolgens Wim naar de kast in de gang te loodsen waar we zijn rode 'ziekenhuis' tas verstopt hadden. Lachend van oor tot oor, 'wees' hij met zijn hoofd naar de kast, en 'vroeg' Wim om hem naar het ziekenhuis te brengen – hij wilde ook! We stonden er versteld van dat hij wist wat er aan de hand was. Hij was niet bepaald blij dat hij moest wachten tot de namiddag!

Voorjaar in Israël is altijd een glorieuze tijd. De overvloedige regenval schildert alles in uitbundige gele en groene kleuren.
Martin Buber schreef daarover het volgende:

> ***"De God van de geschiedenis en de God van de natuur is Dezelfde en het land Israël is een bewijs van die eenheid."***

Ik nam de honden altijd het liefst mee naar de onbebouwde gedeeltes in onze wijk. Op die manier kon ik genieten van de schoonheid om me heen, helemaal als de natuur uit haar bol ging. De mimosa (Acacia) boompjes met hun wollig gele bloemen schieten dan overal wortel en gele brem groeit langs de wegen en tussen de rotsen.
Geel en groen – echte voorjaarskleuren: helder, zacht en fris. Deze groene tint heb je hier alleen in het vroege voorjaar. Als de zon de vochtige aarde streelde na een sappig voorjaarsbuitje, dan kwam het jonge gras tevoorschijn, en dwong de bomen hun knoppen te openen.

Onze Bedoeïenen meisjes, die geboren waren met een weinig voorkomende genetische afwijking, deden op een gegeven moment mee aan een genetisch onderzoeksproject. Er kwam een arts speciaal vanuit Beersheva naar ons huis om bloed af te nemen voor DNA onderzoek. Hij was er nog toen Na'il thuis kwam. Zodra die de geel/rode emmer zag waarin gebruikte injectienaalden bewaard werden, wilde hij de emmer meteen naar zijn kamer slepen. Hij wist precies waar die emmer voor was en in het ziekenhuis tuurde hij altijd door het gaatje.

Op een middag in april zat ik op het balkon te genieten van de milde temperatuur. Onderwijl dacht ik na over de openingswoorden van onze nieuwsbrief: "Hoog in de lucht schreeuwen de zwaluwen tegen elkaar terwijl ze vol enthousiasme op insecten jagen; het verkeer begint weer op gang te komen na de rust van de Shabbat.... en we weten niet wat ons volgende week te wachten staat...."
Waar komt die gedachte in vredesnaam vandaan? vroeg ik me af.
Daar zouden we snel achter komen!

Zondagmorgen werd Na'il wakker met koorts. Hij zag er ook echt ziek uit, dus hield ik hem thuis. Meestal blijft hij actief, ook al heeft hij koorts. Nu was hij echter apathisch en kreunde zachtjes. Er was iets aan de hand, dat was zeker. Toen hij niet meer wilde drinken gingen we direct naar de Eerste Hulp van het Hadassah ziekenhuis. Ik wist dat hij ernstig ziek was toen hij geen tekenen van herkenning vertoonde. De afgelopen maanden waren verschillende Israëlische kinderen overleden aan meningitis (hersenvliesontsteking) en om er zeker van te zijn dat Na'il dit niet onder de leden had, deed de arts een hele serie testen.
Pas toen de lumbaal punctie (ruggenprik) helder vocht liet zien mocht Na'il naar de kinderafdeling op de derde verdieping van het "Mother and Child" (Moeder en Kind) gebouw. Eindelijk kon ik op een (echt) opvouwbaar bed liggen. De bloedonderzoeken lieten niets bijzonders zien, maar voor de zekerheid kreeg Na'il antibiotica toegediend via een infuus. Het werkte, want rond de derde dag kreeg hij weer interesse voor zijn omgeving. Hij besefte echter niet dat hij in zijn geliefde ziekenhuis lag.

Zwak, maar zich een stuk beter voelend, begon hij op zijn scooter de afdeling te verkennen. Toen hij een poster zag met het Hadassa logo, bleef hij er met zijn voet op tikken. Ik probeerde hem uit te leggen dat we daar al waren, maar dat drong niet tot hem door.
Op de laatste dag van de ziekenhuisopname moesten we buitenom naar een ander gebouw en daarna weer terug naar zijn afdeling. Eindelijk begon het hem te dagen. En toen was het tijd om naar huis te gaan.

Pesach (Pasen) is de vakantieweek dat de meeste Israëli's *Kosher le Pesach* houden en alleen matzot eten, ongezuurd brood. Een hele week lang! Dit jaar hielden we een kleine seder met ons gezin en goede vrienden. Dit Bijbelse feest is een echte gezinsvakantie. Veel mensen trekken van hort naar her, met als gevolg overal grote Verkeersopstoppingen. Buiten een bezoek aan het overdekte winkelcentrum, bleven we lekker thuis om uit te rusten.
Door de jaren heen waren de noden en behoeften van onze kinderen drastisch veranderd. Nu kwamen we ook (letterlijk) handen te kort om alle rolstoelen en wandelwagens te kunnen duwen, die trouwens niet eens meer in een auto pasten.

Na'il en zijn *Abba* waren de enigen die er op uit trokken, meestal op zoek naar nieuwe speeltuinen. Na'il bekeek alle attributen altijd eerst grondig. Als ze hem niet aanspraken, gaf hij aan dat hij weer verder wilde. In een bepaalde periode was de schommel zijn favoriet. Niet ver van ons huis was een kleine speelplaats met een 'veilige' schommel, waar hij alleen in kon zitten. Wim duwde hem, hoger en hoger, meer dan honderd keer – Na'il kon er niet genoeg van krijgen! Dan voelde hij zich zo vrij als een vogel, suizend door de lucht, en hij glimlachte van oor tot oor, soms schaterlachend van plezier. Ons kostbare kereltje! Schommels bleven zijn favoriet tot zijn ruggetje te veel problemen ging veroorzaken.

Stress kan je zelf maken, en soms kan trots de oorzaak zijn.
Achteraf schold ik mezelf uit, dat ik zo stom was geweest om te denken dat ik 'dat ook wel even kon doen'. Maar toen was het te laat en leek het alsof m'n wereld op instorten stond.

Ondanks het feit dat Moshiko niet langer bij ons woonde, hadden we hem beloofd morele steun te verlenen tijdens een elleboog operatie in het Hadassa ziekenhuis. De operatiedatum was 22 mei. Twee weken later was Na'il aan de beurt voor een peesoperatie aan zijn heupen. Ik had amper de emotionele aanslag van Moshiko's verschrikkelijke Borderline gedrag overleefd, toen ik me alweer moest voorbereiden op de volgende steeplechase.

"Zo'n kind heb ik nog nooit eerder gezien," zei de rug specialist lachend. Vanwege zijn verergerende scoliose (ruggengraat verkromming) moest Na'il aan een korset geloven. Een paar dagen voor zijn peesoperatie togen we naar de orthopedische werkplaats. Na'il vond het geweldig spannend om helemaal ingegipst te worden, en genoot ervan toen ik hem in de wasbak afgespoelde.
Het korset moet als een dwangbuis aangevoeld hebben. Hij vond het vreselijk als we het 's morgens omdeden, maar begreep dat het moest. We deden het meteen af zodra hij weer thuiskwam en ik vroeg me wel eens af waarom we dit kereltje zo moesten pesten. *Deze scoliose moet geopereerd worden, niet behandeld met een korset!,* dacht ik boos en zei dat op een gegeven moment ook tegen de arts. Hij legde uit dat Na'il veel te jong was voor zo'n ingrijpende operatie. Er zat niets ander op: hij moest leren leven met dat vermaledijde ding!

5 Juni was Na'il aan de beurt voor zijn peesoperatie. Uiteraard genoot hij met volle teugen van de opname procedure. Ik gebruikte altijd visuele middelen om iets aan hem uit te leggen, dus had ik opnieuw een plakboek gemaakt waarin ik alle verschillende fases liet zien. Het boek werd zijn onafscheidelijke metgezel. Urenlang keek hij ernaar, kwijlend over foto's van chirurgen, verpleegkundigen met joekels van injectie spuiten en de operatie kamer.
De avond voor de ingreep installeerden we ons op de 2-persoonskamer op de kinderchirurgie.

"Kunnen we nu naar huis?" vroeg ik aan de verpleegkundige.

"Naar huis? Natuurlijk niet!" antwoordde ze. "Jullie moeten vannacht hier blijven."
Daar had ik helemaal niet op gerekend. Wat ik ook probeerde, de verpleegkundige was onvermurwbaar. "Sorry, regels zijn regels!"

Na'il vond het helemaal niet erg, hij vond zijn grote ziekenhuis bed het einde!
De volgende morgen vroeg verwelkomde de staf van de operatiekamer ons hartelijk, en iedereen lachte om Na'ils enthousiasme. Toen hij het zuurstofmasker zag gaf hij een schreeuw van blijdschap.
De narcotiseur schoot in de lach toen hij de eerste narcose diep inhaleerde. "Oh, jij bent een *narcoman* (verslaafde)," zei ze lachend.

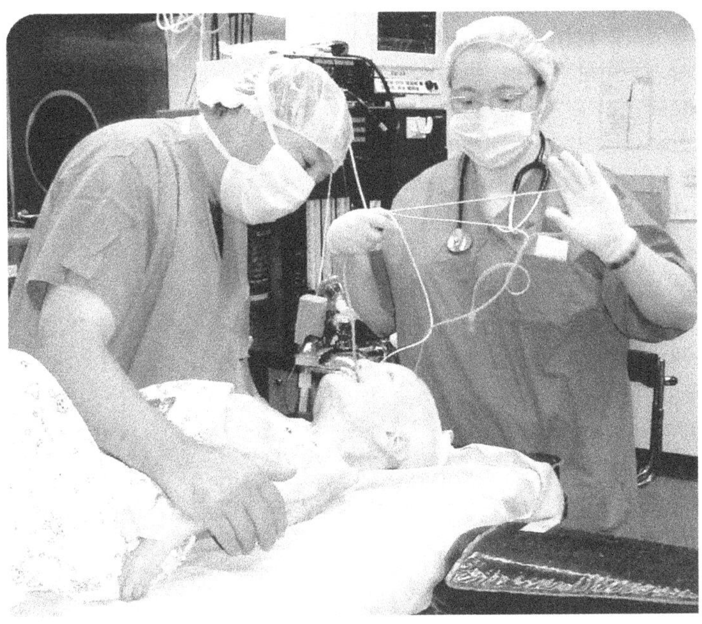

Onze '*narcomaan*', blij op de operatietafel

Net zoals professor Elidan anatomische verrassingen was tegengekomen toen hij Na'il opereerde, zo kwam ook dr. Joseph deze tegen. Hij had grote moeite om kleine stukjes bot te verwijderen die vergroeid waren met de heupspieren. Om te voorkomen dat ze opnieuw zouden aangroeien, moest Na'il een paar uur na de operatie een eenmalige bestralingsbehandeling ondergaan.
Pas aan het begin van de avond konden we eindelijk naar medium care op de kinderafdeling. Net toen ik wilde gaan liggen, kwam Na'ils familie opdagen. Inwendig kreunend en met knallende hoofdpijn, vertelde ik hen glimlachend over de operatie van hun zoon.

Van tevoren was ons al gezegd dat de Hadassah opname van korte duur zou zijn, want Na'il zou in Alyn de gehele revalidatie ondergaan. Met een ambulance van het Hadassah werden we overgeplaatst. Het Israëlische rijgedrag kennende, was ik doodsbenauwd dat Na'il zou omvallen, dus zat ik op de vloer van de ambulance terwijl ik zijn wandelwagen angstvallig vasthield.

Doordat Na'il geen moment alleen gelaten kon worden, nam Wim de nachtdiensten voor zijn rekening, terwijl ik de rest van de tijd met hem door bracht. Ik snakte naar wat rust en stilte. In de verwachting dat er meteen met fysiotherapie begonnen zou worden, was ik verbaasd dat er tijdens de Shavuot vakantie niets gebeurde. Gelukkig was het heerlijk rustig op de afdeling zodat ik een beetje kon bijkomen van alle spanningen en drukte. Toen ik een paar dagen later vroeg wat er met Na'il ging gebeuren, bleek dat ze vergeten waren aan de fysio door te geven dat hij op de afdeling lag!

"Kan ik 'm dan alsjeblieft voor het weekend mee naar huis nemen?" pleitte ik bij de hoofdverpleegkundige.

"Kan niet," zei ze pinnig. "Zolang de hechtingen er nog inzitten wil de dokter niet dat kinderen de afdeling verlaten."

Er zat niets anders op dan met de tanden op elkaar door te blijven gaan. Het was heel moeilijk, want Na'il verveelde zich stierlijk. Hij wilde constant de hort op en doordat de wond nog te vers en pijnlijk was, kon hij zijn scooter niet gebruiken. Dit betekende dat wij hem voortdurend in de wandelwagen uit wandelen moesten nemen – gang in, gang uit, lift in, lift uit, naar de tuin, weer naar binnen. Ik was helemaal op!

Barbara Johnson beschreef de weken die volgden zo:

> ***"Tijdens deze fase hadden we niet veel keus over hoe we onze tijd zouden besteden. We strompelden voort, van de ene crisis naar de andere. Ons leven leek wel beheerst te worden door welke slag ons nu weer zou treffen; het slingerde ons van de ene hoofdpijn naar de volgende nachtmerrie. Wij kozen ervoor om ons vast te grijpen aan de ENIGE, die ons beloofde ons nooit in de steek te laten, hoe waanzinnig de omstandigheden ook zouden zijn."***

Na'il ging het Alyn ziekenhuis in en uit – eerst als dagverpleging, toen weer opgenomen. Koos, de fysiotherapeut die Na'il als peuter gekend had, werkte opnieuw met hem, maar vanwege de pijn was ons kleine manneke niet erg gemotiveerd om mee te werken.
Zelfs de sessies in het zwembad met Abe, de man die Na'il sinds zijn eerste dagen in Alyn kende en hem leerde te 'zwemmen', lukte het niet om hem in beweging te krijgen. Na'il weigerde op zijn linkerbeen te staan, en hupte als een ooievaar op een been door het water.

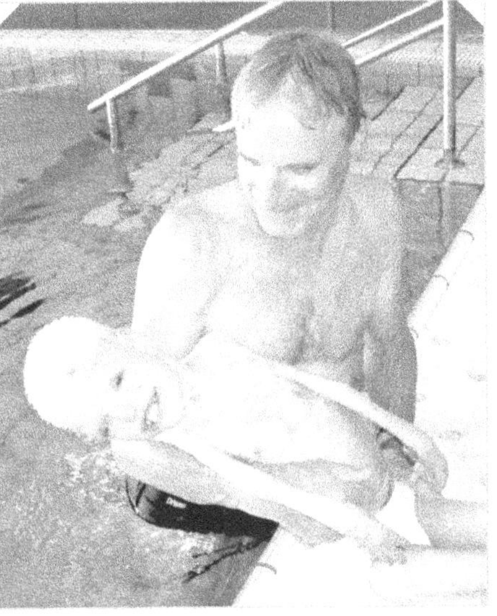

Ik was opgelucht toen ze uiteindelijk de kleine jongen zijn gang maar lieten gaan. Mijn hart deed pijn om ons kereltje, dat hij zoveel moest lijden na die vreselijke en traumatische operatie. Hij moest gewoon zijn eigen tempo kunnen aangeven, en alles op zijn eigen tijd kunnen doen.

Het enige positieve dat uit deze moeilijke opname voortkwam was dat Na'ils voedsel veranderde. We hoopten dat de vloeibare Nutrilon voeding het 13 kilo wegentje jongentje wat aan zou laten komen. Hij dronk nog steeds uit een zuigfles, maar volgens de diëtiste zou deze calorierijke drank hem zijn broodnodige energie geven. Het zou hem ook helpen zijn kracht weer te herkrijgen na de operatie.

Terugkijkend op dat jaar, realiseerden we ons dat er heel wat crises waren geweest. Ik las ergens dat het Chinese teken voor crisis hetzelfde was als voor gelegenheid. Een crisis kan een ramp zijn, maar ook een gelegenheid tot groei. Ik wist dat we dit jaar 'gegroeid' waren. Het was een wonder dat ik nog steeds kon lachen en de humor kon zien van bepaalde situaties. Eigenlijk hadden we ook geen keus – het was of lachen, of huilen!

Door gewoon zichzelf te zijn toverde Na'il vaak een lach op ons gezicht. Lief, ondeugend, kostbaar en nieuwsgierig kind dat hij was. We dankten God dat Hij ons dit bijzondere kereltje gegeven had om van te houden en om voor te zorgen.

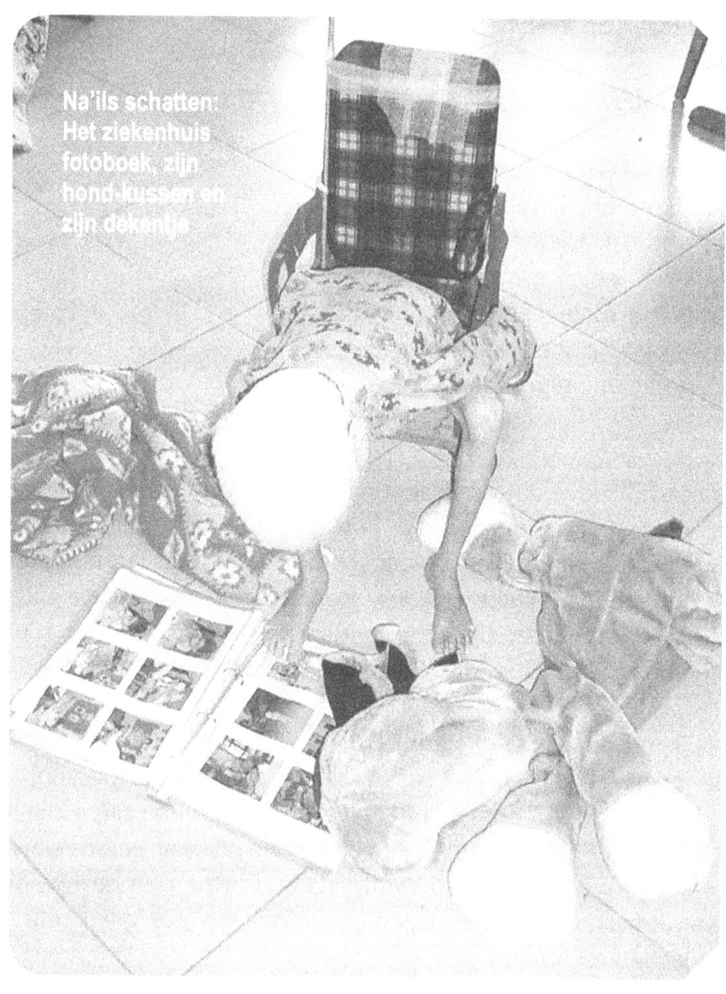

Na'ils schatten: Het ziekenhuis fotoboek, zijn hond-kussen en zijn dekentje

15

Adembenemende momenten

"Het leven wordt niet gemeten naar het aantal keren dat je ademhaalt, maar naar de momenten die je de adem benemen."

Het jaar 2006 bevatte heel wat adembenemende situaties – zowel in positieve als negatieve zin. Met betrekking tot de aanvraag van Na'ils elektrische rolstoel was er oponthoud, waren er verrassingen, was er nog meer papierwerk en eindelijk de belofte dat een speciaal comité de aanvraag in behandeling zou nemen.

Ons gekke, hectische leven benam ons nogal eens de adem. Met de regelmaat van de klok hadden we te maken met de Israëlische bureaucratie, droegen we 24/7/365 (24 uur per dag, 7 dagen per week, 365 dagen per jaar) zorg voor onze meervoudig gehandicapte kinderen en daarboven op kwam dan nog de voortdurende financiële zorgen. En de kritiek van buitenstaanders niet te vergeten:

"Je moet dit doen..."

"Dat kan je beter niet doen..."

"Waarom doe je niet zus? Waarom niet zo?"

Mensen bedoelden het goed, maar hun advies hielp niet erg. Door de jaren heen had ik geleerd me niet langer schuldig te voelen over wat dan ook en ik had afgeleerd zelfs maar een poging te doen uit te leggen hoe ons gezin in elkaar zat – de mensen konden het toch niet bevatten. De beste stuurlui stonden nog steeds aan wal. Ook zij hoorden bij ons leven en moesten gewoon gedoogd worden.

Al deze uitdagingen creëerden een unieke vorm van stress. Wilden we de marathon die ons leven bleek te zijn overleven, dan moesten we een manier vinden om daarmee om te gaan.

God zij dank (letterlijk) voor boeken! We hadden er genoeg in huis om uit te kiezen en door bemoedigd te worden. Een boek had de subtitel: "... een boek met hulpmiddelen die het leven kunnen veranderen in een gave om van te genieten, in plaats van een straf die je moet ondergaan." Dat was nog eens een geweldige uitspraak om over na te denken!

Moshiko's psychiatrische problemen waren mij helemaal boven het hoofd gegroeid. Na een bijzonder akelig incident was voor mij de maat vol, en zei ik: "En nu is het GENOEG!" Ik weigerde me nog langer als het offerlam voor Moshiko te laten (mis)bruiken. We hadden onze goede wil getoond, meer dan menigeen gedaan zou hebben, en nu moest hij de consequenties van zijn gedrag maar aanvaarden – hij was thuis niet langer welkom!

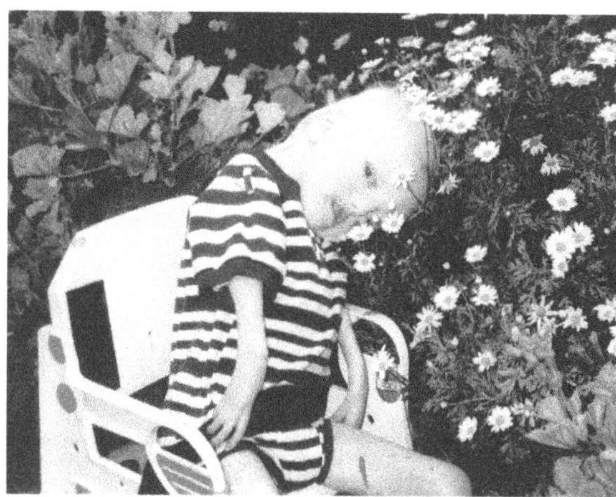

Na'il was een enorme troost gedurende deze hartverscheurende periode. Doordat hij niet kon praten, hoefden we van hem geen verbale mishandeling te ondergaan. Met hem hoefden we niet van de vroege ochtend tot de late avond op eieren te lopen, omdat we nooit wisten wanneer de volgende uitbarsting zou komen.

Ons kleine mannetje verdraaide mijn woorden niet; hij maakte mij niet tot leugenaar. Na'il manipuleerde niet, noch zaaide hij onenigheid waar hij maar kon. Hij begon ook niet te lachen als ik van ellende begon te huilen.

Na'il, ons zonnetje in huis werd nooit chagrijnig wakker; hij was een gewillig en meewerkend kind – een heerlijk, lief, ondeugend en nieuwsgierig jongetje dat nooit klaagde als de dingen niet volgens plan verliepen. Hij huilde of dreinde nooit als hij een probleem moest oplossen. Hij keek ernaar, bestudeerde de situatie en ging dan aan de slag – hij deed het gewoon!

Precies zoals Hudson Taylor beschreef hoe God werkte:

"Er zijn drie fasen in het werk van God: onmogelijk, moeilijk, gedaan!"

Voor mij was Na'il een Godsgeschenk, een lieve troost om vast te houden, te knuffelen en met kusjes te overladen. Hij gaf zoveel door gewoon zichzelf te zijn. Hij was adembenemend! We communiceerden op een uniek emotioneel niveau. Ik ben een Hoog Sensitief Persoon (HSP) en misschien juist daardoor was hij voor mij juist zo speciaal. Ook al hield ik ontzettend veel van hem, ik was ook altijd heel streng voor hem. Dat had hij nodig en hij voelde zich veilig binnen de gestelde grenzen.

Gelukkig dat hij zowel mij als Wim volkomen geaccepteerd had – zolang een van ons maar thuis was, ging alles goed. Nieuwe mensen in zijn leven waren altijd een uitdaging. Voor ons ook, omdat we nooit van tevoren wisten of hij hen wel of niet zou accepteren. Nieuwe vrijwilligers hadden altijd een paar weken nodig om te leren hoe Na'il in elkaar zat en dat betekende dat Wim en (meestal) ik hen die eerste keren moest begeleiden. Ik zag daar altijd erg tegen op, gewoon omdat mij de energie er gewoonlijk voor ontbrak.

Itamar, een nieuwe vrijwilliger, was bereid om Na'il eens per week twee uurtjes mee uit wandelen te nemen. Wim liet hem Na'ils favoriete plekken zien en waarschuwde dat het van uiterst belang was dat de kleine jongen wist wie de baas was!
Ik was er niet zeker van of het wel goed zou gaan met deze aardige knul, maar hij was jong en energiek, dus besloten we het te proberen. Na'il vond het prachtig, zolang hij maar in beweging bleef. Gelukkig ging het prima met Itamar.

Pleegouderschap was een bediening met voornamelijk output en bijna geen input. Burn-out lag daarom altijd op de loer.

"Als je met chronische stress te maken hebt, kan afleiding een cadeau zijn dat je jezelf moet geven."

Dat ware wijze woorden die me wel aanspraken!

Voor Wim betekende dat het lezen van boeken met allerlei getuigenissen en bijbelstudiemateriaal. Ik had iets anders nodig om te kunnen 'ontsnappen', zoiets als een romantische DVD of een boek (fictie). Ieder moest zo zijn eigen weg vinden om door te kunnen blijven gaan, om onze leeglopende batterijen op te laden, zodat we de taak die de Here ons gegeven had konden volbrengen. We waren elkaars 'jukgenoot', en dat was een geweldige zegen, want dit soort werk kun je niet alleen doen. Het had lang geduurd, maar ik had eindelijk mijn perfectionisme afgeleerd. Ik had het punt bereikt waarop ik deed wat ik kon, en de rest liet ik aan God over. Dat was een geweldige bevrijding!

Wat betreft het cochleaire implantaat hadden we hoge verwachtingen en we waren enthousiast toen we resultaten begonnen te zien: als iemand hard op de deur roffelde draaide Na'il zijn hoofd om! Omdat hij een hekel had aan die magneet op zijn hoofd (de ontvanger) had de school een oplossing gevonden om te voorkomen dat Na'il deze er steeds af probeerde te krijgen. De elastische zwachtel om zijn voorhoofd zag er wat kaaltjes uit, dus schreef ik er op: "I'm cool!"

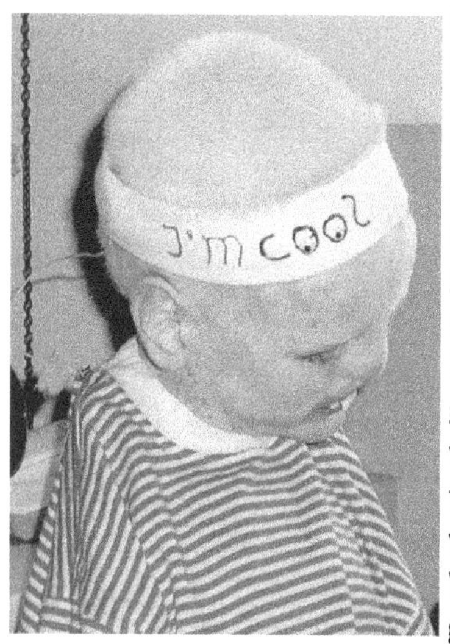

Alle *shetel* kinderen begonnen met een aantal hertz, waarna de geluidsfrequenties en geluidssterkte opgebouwd werden. Na'il was begonnen met ongebruikelijk harde geluiden, die hij toen goed aan kon. Na verloop van tijd moest de audiologe de frequenties en hardheid steeds verlagen, in plaats van toe te voegen. We begonnen ons af te vragen of we er goed aan gedaan hadden deze operatie te laten plaatsvinden. Het leek wel alsof zijn zenuwstelsel zo gevoelig was geworden dat zelfs het kleinste geluid hem irriteerde.

"Hij is gewoon verkeerd bedraad," grapte ik.

"Je zou wel eens gelijk kunnen hebben," zei de audiologe. "Het heeft waarschijnlijk met zijn syndroom te maken. Met dit soort kinderen weet je het maar nooit."

Op een dag weigerde Na'il pertinent zijn *shetel* te dragen. Zodra ik de magneet op zijn hoofd zette, wist hij die van zijn hoofd af te schudden of te vegen. Ik was bang dat hij op een goede dag het dure apparaat kwijt zou raken, dus besloot ik hem een adempauze te geven. *Misschien kunnen we het later nog eens proberen,* dacht ik hoopvol.

Dankzij de (dure) Nutrilon voeding was Na'il de hoogte in geschoten. Maar deze groeispurt had ook invloed op zijn al kromme ruggengraat. Hij was zo mager als een lat, had weinig spieren en zitten, staan en lopen moet hem enorm veel inspanning gekost hebben. We zagen dat hij meer tijd nodig had om te rusten en op school lag hij vaak op een ligzak.

Na'ils prestaties waren vaak adembenemend.
Urit, zijn nieuwe juf, vertelde over zijn vorderingen:
"Ondanks zijn doofheid, lijkt het wel alsof hij altijd op het juiste moment lacht en dat hij begrijpt wat er in de klas gebeurt!"
Ik denk dat het kwam omdat hij zo oplettend en gevoelig was; hij was gewend op lichaamstaal af te gaan. Na'il wist precies welk staflid op welke dag werkte en wat de volgende les was. Zonder dat hij een woord kon zeggen communiceerde hij op de meest vindingrijke manieren.

En heel bijzonder was de wijze waarop hij problemen oploste!
In de schoolpauze wilde Na'il altijd naar buiten en op een dag stond hij letterlijk voor een groot probleem, want de wandelwagens en rolstoelen van zijn klasgenoten versperden hem de weg. Urit vertelde me later hoe Na'il dit ogenschijnlijk onoplosbare probleem had opgelost. Eerst bestudeerde hij de situatie voor hem, en vervolgens keek hij naar de deur die naar de vrijheid leidde. Fysiek koste het hem heel wat moeite om de wandelwagens en rolstoelen een voor een opzij te schuiven, maar hij ging net zo lang door tot hij een weg gebaand had. Urit had met open mond staan toekijken. Onze kleine man benam ons werkelijk de adem!

Wat zit hij toch naar het plafond te kijken? vroeg ik me op een middag af. Uit school gekomen ging Na'il niet zoals gebruikelijk rechtstreeks naar het toilet. *Misschien ziet hij wel engelen,* redeneerde ik.

"Wat zie je dan?" vroeg ik in gebarentaal, en volgde zijn blik. Mijn hart stond stil toen ik de lamp aan slechts een draad aan het plafond zag hangen. De haak was afgebroken en de zware lamp had ieder moment naar beneden kunnen storten, boven op Na'il die daar altijd tv zat te kijken.

"Oh! *Kol ha kavod!* Goed zo!!" Ik omhelsde mijn kleine jongen.
Hij grijnsde van oor tot oor, zichtbaar opgelucht dat zijn slome moeder eindelijk doorhad wat hij haar probeerde te vertellen.

De zomervakantie was in aantocht, en dat betekende dat de kinderen extra veel thuis zouden zijn. Na'il had boven een 'kamer' - uit een hoekje met zijn bed en allerlei medische plaatjes op de muur geplakt. Hij 'klom' ruggelings de trap op naar boven. Ik vond het idee dat hij daar vaak alleen lag niet prettig, maar ook om praktische redenen had ik hem liever beneden. Als Na'il honger had dan gaf hij dat te kennen door harde "Aaaaaaahhhhhh" geluiden te maken, waarop ik hem dan snel zijn fles bracht. Maar daarna moest hij bijna altijd meteen naar het toilet, dus moest ik weer naar boven rennen om hem op de wc te zetten. Het was tijd voor de grote interne verhuizing!

Toen Fahima een weekje weg was, zette ik dat plan in werking. Na'il kreeg Fahima's kamer; zij verhuisde naar de kamer ernaast en 'duwde' zo Wims kantoor annex gastenkamer, naar de bunker kamer. Die moest hij nu delen met onze twee honden, terwijl Nadia mijn ruime werkkamer aan het einde van de gang kreeg. Die werkkamer verhuisde nu naar boven, en was de laatste die op orde was. Het was een enorme (zweterige) onderneming, maar iedereen was tevreden met de verandering, Na'il helemaal. Nu kon hij op zijn eigen bed gaan liggen wanneer hij maar wilde. Hij genoot van zijn nieuwe kamer en ik was blij dat hij nu beneden bleef.

Israël heeft vier grote zorgverzekeraars: Maccabi, Meuchedet, Klalit en Leumit. Sinds het moment dat Wim en ik onze tijdelijke verblijfs-vergunning kregen waren we lid van Maccabi.

Vanwege hun biologische ouders hoorden de kinderen bij Leumit en Klalit, beiden een bron van irritatie voor mij. Ik had heel wat frustrerende uren moeten wachten en veel moeten vechten om de nodige verwijzingen aan te vragen en kreeg meestal nul op het rekest.

Beide meisjes waren nu op een leeftijd gekomen dat ze hun eigen zorgverzekeraar mochten kiezen en uiteraard kozen wij, namens hen, voor Maccabi. Tot mijn grote verbazing bleek dat Na'il onder mijn naam kon worden ingeschreven. Toen alle kinderen lid waren geworden van Maccabi, werd mijn leven opeens zoveel gemakkelijker! Verwijzingsproblemen behoorden nu tot het verleden, omdat het Hadassa ziekenhuis, waar wij een 'abonnement' op hadden, met Maccabi verbonden was. Wat een zegen!

Op 1 september begon Na'il aan zijn laatste jaar op de *Ma'ayan* school. Aan de ene kant vond ik het jammer, maar we wisten dat het een goed teken was dat hij naar een andere school moest – ze konden hem op *Ma'yan* niets meer leren. Dit jaar zou gebruikt worden om Na'il voor te bereiden op zijn nieuwe omgeving en hem te leren met onbekende stafleden en andere kinderen om te gaan.

Het Joodse Nieuwjaar werd voor ons extra bijzonder doordat we onze permanente verblijfsvergunning ontvingen. Dit wonder werd mede tot stand gebracht door de geweldige hulp van onze buren/huisbaas. We hadden niet kunnen bevroeden een ook nooit gedacht dat het zó anders zou voelen – nu hoorden we er echt helemaal bij! We konden het land niet meer uit gegooid worden! De wetenschap dat we onze wortels nog dieper in Israëlische grond konden zetten benam ons gewoon de adem!

De bel ging, en toen ik de voordeur opende stond er tot mijn grote verbazing een man met Na'ils nieuwe rolstoel. Ze hadden ons vergeten te bellen, maar dit was tenminste een leuke verrassing. Omdat er nog een aangepaste zitting in moest komen, verstopte ik de stoel achter de kast in Wims kantoortje.

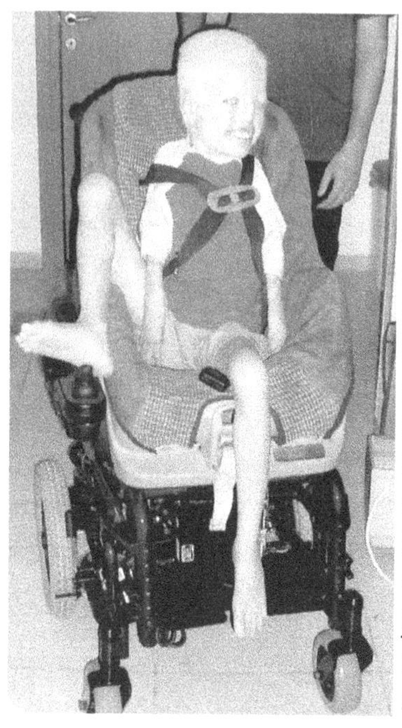

Toen het er naar uitzag dat het heel lang zou gaan duren voordat die aanpassing aangebracht kon worden, besloten we te improviseren met een autozitje. Na'il was helemaal opgewonden toen hij de rolstoel in zijn kamer zag staan, en nam de tijd om hem van alle kanten te bestuderen. Joysticks oefenden altijd al een grote aantrekkingskracht op hem uit en nu had hij er zelf eentje! Natuurlijk moest hij de stoel uitproberen en we lieten hem naar hartenlust door het huis rijden. Het was wel een beetje lastig om de joystick met zijn voet te besturen, maar desondanks lukte het hem zonder brokken te maken kamers in en uit te rijden. Zijn triomfantelijke, glorieuze lach benam me gewoon de adem!

We hadden de aankondigingen wel gezien maar er geen aandacht aan geschonken. Na'il bleef echter met zijn voet wijzen naar de posters van het pretpark. Bij navraag bleek dat er tijdens de zomervakantie een mini pretpark zou komen bij het Teddy Kollek Stadion. De dag dat Wim Na'il daar naar toe nam, was hij meteen verkocht. Sommige attracties waren te gevaarlijk en voor hem verboden, maar of Wim of Itamar nam hem mee naar de dingen waar hij wel in mocht. Na verloop van tijd herkende een van de werkers de kleine enthousiaste jongen en vanaf die tijd mocht Na'il gratis rondrijden. Hij genoot met volle teugen – hoe wilder hoe beter! Wim kon niet goed tegen de draaimolen, maar daar had Itamar gelukkig geen last van.

Na'il weigerde te accepteren dat het pretpark op een gegeven moment weg was, zelfs toen Itamar er helemaal naar toe wandelde. Na'il zag met eigen ogen het lege parkeerterrein waar zijn droomwereld gestaan had.

Desondanks bleef hij toch hopen dat het ooit, eens, opnieuw zou verschijnen. We hadden medelijden met de kleine jongen en hoopten dat in ieder geval zijn nieuwe rolstoel de vreugde die hij daar ervaren had een beetje zou vergoeden.

Jom Kippoer, Grote verzoendag, is de enige dag van het jaar dat er bijna geen auto's op de weg zijn en kinderen met hun fietsen vrijelijk hun gang kunnen gaan. We hadden nog niet met Na'il en zijn rolstoel een ritje buiten gemaakt, omdat je nooit van tevoren wist welke trottoirs daarvoor geschikt waren. Je kon de stoep misschien wel op komen, maar een paar honderd meter verderop er niet meer af. (Israël is nog niet zo vooruitstrevend wat betreft infrastructuur voor gehandicapten.) Ik voelde er weinig voor om met langs scheurende auto's te gaan oefenen met een kind in een nieuwe rolstoel, maar Jom Kippoer was dus een uitermate geschikte dag voor een proefrit.

Na'ils gezichtje straalde van blijdschap en van het gevoel van vrijheid om zelfstandig buiten te kunnen rijden. Ook al was het niet bepaald comfortabel voor hem om de joystick met zijn tenen te moeten besturen, was hij onverzadigbaar, en wilde niet van ophouden weten. Om de beurt liepen Wim en ik met hem mee; soms leek het meer op rennen, omdat Na'il van snelheid hield. Hij onderzocht iedere hoek en elk gaatje van onze buurt, en de anders voor hem zo saaie dag, werd de meest opwindende vrije dag van het jaar.

Het was jammer dat hij niet in zijn rolstoel naar school kon. We hadden het een paar keer geprobeerd, maar de het lokaal was te klein en het schoolterrein was niet geschikt voor elektrische rolstoelen. We moesten gewoon tot volgend jaar wachten. Dan zou Na'il naar de Ilanot school gaan, en dat was een van de redenen dat we de aanvraag voor deze stoel doorgezet hadden. Doordat hij nogal wankel op zijn benen stond, kon het zachtste duwtje hem omver gooien. Nogal gevaarlijk voor een kind met osteoporose Het grootste gevaar was wanneer hij verrast werd en iets niet aan zag komen. In een rolstoel was hij én mobiel én veilig en daardoor had Ilanot hem uiteindelijk geaccepteerd als leerling.

Tijdens Wims kerstvakantie besloten we het 'afleidingsprincipe' toe te passen en we gingen op weg om de Oude Stad van Jeruzalem eens te verkennen. Dit soort uitjes konden we alleen zonder de kinderen doen en nu hadden we een unieke kans om eens iets nieuws te bekijken.

"Dat werd wel eens tijd ook," zei Wim. "We wonen hier al zeventien jaar!"

We zijn nooit bij de Oude Stad aangekomen. Toen ik een oproep op mijn mobiel beantwoordde bleek het Urit, de juf.

"Na'il heeft koorts," zei ze. "Kan je hem alsjeblieft komen ophalen?"

Dit soort ongeplande 'verandering' overkwam ons om de haveklap.

En dan de sneeuwval – die hadden we ook helemaal niet verwacht. In plaats van rust en ontspanning waar we zo naar hunkerden, zaten we thuis met de kinderen.

Het hoorde bij ons leven, onze bediening. Het werk waarvan we wisten dat God ons ervoor geroepen had, wetend en vertrouwend dat de Here ons de genade en kracht zou geven die we nodig hadden om de race te volbrengen en het traject dat nog voor ons lag uit te lopen. We gingen door, biddend dat de kortademigheid, veroorzaakt door deze uitputtende marathon, vervangen zou worden door vele adembenemend mooie momenten.

16

Een nieuwe school

Januari 2007 voegde Na'il een nieuwe dokter aan zijn lijstje toe: Dokter Hasharoni, Hadassa's rug specialist. Deze lieve man sloot Na'il meteen in zijn hart terwijl hij hem zittend op zijn knie onderzocht. Hij was helemaal verbaasd over het kinds gebrek aan angst. Mensen, zoals deze dokter, die bewogen waren voor Na'il, konden bij mij geen kwaad meer doen!

"Dit kereltje heeft een rug fusie nodig," zei de dokter. "Maar vanwege zijn vele problemen wil ik hem eerst met mijn collega's bespreken."

Onze Na'il was een 'bijzonder' geval en scolioseoperaties waren lange, gecompliceerde en gevaarlijke operaties. Terwijl de dokter en ik praatten, kreeg Na'il toestemming de artsenkamer te onderzoeken. Hij keek in alle laatjes door ze met zijn voet te openen en was zo blij als maar kon.

Eind april werd ik gevraagd Na'il te begeleiden op zijn wekelijkse bezoek aan de Ilanot school. Deze maandagen zouden hem helpen alvast te wennen aan de nieuwe school, als voorbereiding op het nieuwe schooljaar. Toen ik de klas binnenkwam zag ik meteen dat ze te weinig hulp hadden. Vanwege Na'ils doofheid hadden ze juist een extra assistent nodig. Ik had geen keus dan bij hem te blijven en zo kwam het dat ik tot eind juni iedere maandag van 08.00 tot 13.00 uur in Ilanot zat.

Op deze school kon Na'il eindelijk zijn rolstoel gebruiken. Hij onderzocht ieder hoekje en gaatje en reed van gang naar gang en klas naar klas. De lerares, een schat van een vrouw met engelengeduld, vond het geen probleem dat een moeder in de klas zat mee te luisteren. Na'il had moeite om stil te zitten en mee te doen in deze nieuwe klas. Zodra het pauze was gaf hij weer snel gehoor aan zijn drang om nieuwe gebieden te verkennen. Voor mij was het doodvermoeiend, maar het was de enige manier om Na'il te helpen.

Aan de andere kant was het ook een voorrecht om een kijkje achter de schermen te mogen nemen en te ervaren hoe het tijdens een schooldag toeging. Ik leerde kostbare mensen kennen die dag in dag uit, trouw met deze zwaar gehandicapte kinderen werkten.

Dinsdagmorgen moest Na'il weer naar de *Ma'ayan* , en ik was benieuwd naar zijn reactie toen ik hem in zijn gele wandelwagen zette. Hij accepteerde het, maar bleef wijzen naar de foto's die ik van zijn eerste dag op Ilanot gemaakt had.

"Volgende week. Dan weer," gebaarde ik.

Een begrijpende lach was zijn antwoord.

27 mei vierden we Na'ils 13^{e} verjaardag. Het was ook meteen een afscheidsfeestje van de school van 'hopeloze gevallen', de plek waar hij zoveel geleerd had. Nu pas realiseerde ik me dat Na'il al tien jaar bij ons was!

De kinderen droegen feesthoedjes waar Na'il zo veel van hield. Buiten die gekke papieren hoedjes, die hij in recordtijd verscheurd had, was er bijna geen speelgoed (buiten paraplu's dan) dat hij leuk vond. Die feesthoedjes maakten hem altijd blij. Gewone, alledaagse dingen konden een glimlach op zijn gezicht toveren en dan toonde hij zijn enthousiasme door met zijn armen te 'fladderen'. Hij ging stralen van een paar nieuwe sokken, die hij dan op school vol trots aan iedereen liet zien.

Die maandagen in Ilanot waren voor Na'il ook niet bepaald gemakkelijk. Twee als clown verklede dames gaven de kinderen van zijn klas individuele therapie. Na'il werd boos toen hij niet mee mocht. De week daarop kreeg hij een rode clownsneus, maar dat was niet dezelfde als die de clown op had en die wilde hij juist hebben! Uiteindelijke accepteerde hij zijn geschenk. Thuis zette ik de neus bij hem op, waarna hij voor de spiegel gekke bekken ging trekken. Ik denk dat hij de neus associeerde met het masker van de tandarts.
Voor zijn tandartsbehandelingen had hij niet langer lachgas nodig, maar eiste gewoon dat hij een masker op kreeg. Na'ils favoriete kamer was die van Kathy, geschilderd in zachte kleuren, met muurschilderingen en kleine speelgoedjes. Kathy bij de hand nemend trok hij haar dan naar de zuurstoftank met het masker. In blijde afwachting van het masker bewoog hij zijn kleine lijfje dan heen en weer. Op een keer was de tandarts bezig Na'ils tanden schoon te maken toen hij begon te protesteren.

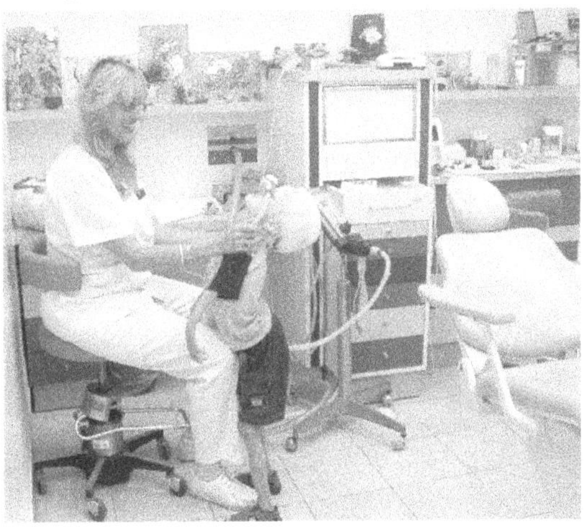

"Wat is er?" vroeg de tandarts. "Dit kan geen pijn doen."

"Heb je de zuurstof open gezet?" vroeg ik Katy, de tandarts-assistente. "Ik denk dat hij geen lucht in zijn neus voelt."
Kathy had inderdaad vergeten het kraantje open te zetten. Breed lachend genoot Na'il van de behandeling, met een extra dosis zuurstof!

Ik vond het jammer om afscheid te moeten nemen van alle bijzondere mensen en kinderen van de *Ma'ayan* school.

Twee geweldige leraressen, Ora en Urit, hadden de sleutel gevonden die de deur van Na'ils potentieel geopend had. Op deze school had hij het hoogste niveau bereikt. De tijd was aangebroken om naar Ilanot te gaan.

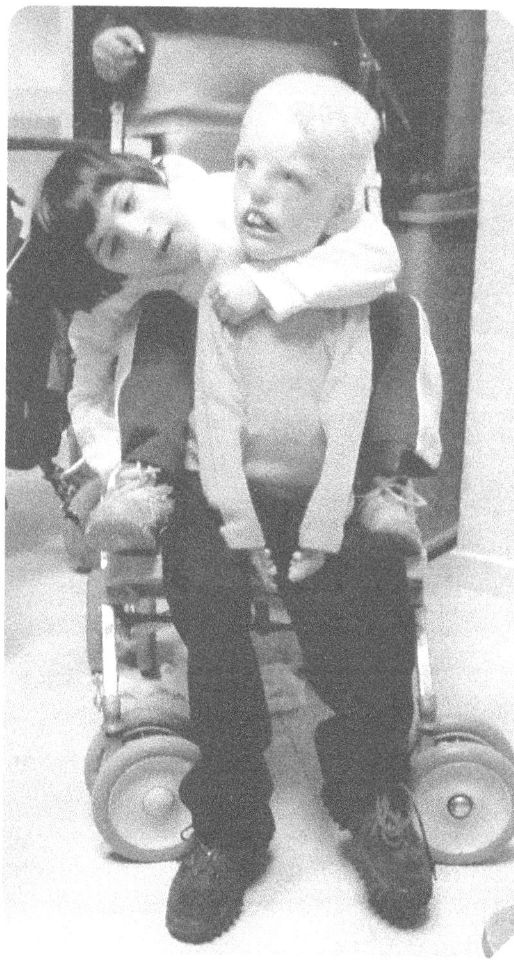

Na'il is niet erg gecharmeerd van de affective die zijn vriendinnetje voor hem heeft!

Op iedere school waar Na'il op had gezeten, waren er meisjes geweest die 'een oogje' op hem hadden. Urit vertelde dat Na'il doodsbenauwd was voor een meisje uit zijn klas en daar had hij een goede reden voor. Ze was wild en ruw en kon hem met gemak op de grond trekken.

"Maar diep in zijn hart vindt hij haar ook heel erg aardig hoor," zei Urit lachend.

Op een keer had Na'il zijn vriendinnetje, waarschijnlijk uit frustratie, een schop gegeven tegen haar scheenbeen, wat natuurlijk erg pijn deed. Hij was geschokt toen ze hem een schop terug gaf. Dat had hij niet verwacht! Hij heeft het nooit meer gedaan.

Het was zo schattig hen samen te zien!

Professionals waren onder de indruk geraakt van Na'ils charme, en ik denk dat het meisje in Ilanot hem daardoor ook het einde vond. Nu was ik degene die haar hart vasthield! Terwijl hij zijn vermoeide rug wat rust gaf, duwde het grote, zware meisje haar rolstoel richting matras. Gierend van het lachen pakte ze toen Na'ils been waaraan ze langzaam begon te trekken. Hij vond het prachtig, maar ik stond klaar om in te grijpen, mocht de boel uit de hand lopen. De twee kinderen sloten vriendschap en hadden de grootste lol samen.

Doordat we de Hyundai bus hadden moeten verkopen, had er niets anders op gezeten dan ons zien te redden met de kleine Renault Clio. Gelukkig konden we een Fiat Doblo aanschaffen die plaats had voor opengeklapte rolstoelen en wandelwagens - wat een luxe! In de Clio was amper ruimte voor één ingeklapte rolstoel!

Na'il verveelde zich stierlijk tijdens de zomervakantie van 2½ week. Ik was blij toen ik hem kon gaan voorbereiden op het nieuwe schooljaar.

"Je gaat naar Ilanot!" Ik wees op de foto's.

Na'il werd er helemaal opgewonden van!

Het was niet eenvoudig om te wennen aan een nieuwe school, helemaal niet toen bleek dat hij ook nog een nieuwe juf kreeg naast andere klasgenoten. Omdat ik Na'il gelegenheid wilde geven wat rond te rijden voordat hij in de klas moest blijven, bracht ik hem vroeg naar school. De assistente van de lerares was al bezig de klas klaar te zetten.

"Lena! Oh, werk jij met Na'il?" riep ik uit.

Toen Nadia van de dovenschool naar Ilanot overging, was het Lena geweest die het mogelijk had gemaakt dat Nadia voor het eerst van haar leven een week op een kibboets kon logeren. Deze schat van een vrouw had niet met haar ogen geknipperd van verbazing toen ik haar Nadia's uitgebreide 'verzorgingspakket' uitlegde. Vanaf dat moment was Lena mijn 'ster' geworden en nu bleek ze ook Na'il onder haar hoede te hebben – wat een zegen!

"Ik maak me een beetje zorgen over zijn drinkgewoonten," zei ik tegen Lena. "Als vreemden hem de fles geven wil hij meestal niet drinken."

Dat was een gevaarlijke gewoonte, helemaal tijdens warm weer. Na'il leed liever dorst dan een fles van vreemden te accepteren. Op de *Ma'ayan* school waren er maar twee stafleden die hem de fles mochten geven: Nadia, de 'geen onzin' vrouw en assistente van de juf, was er een van geweest. Lena was net zo'n type.

"Geef me de fles eens," zei Lena. Voordat Na'il doorhad wat er gebeurde had hij de fles in zijn mond en begon meteen te drinken. Ik kon mijn ogen niet geloven! "Lena! Dit is een wonder!"

Die eerste schooldag was een puinhoop. De staf moest de kinderen leren kennen, hun noden, en hoe ze in elkaar zaten. Het team van fysiotherapeuten, bezigheidstherapeuten, lerares en haar assistenten moest op zoek naar rollators en standaards waar de kinderen in moesten staan en lopen. Heel vaak kwamen ze tot de ontdekking dat de attributen die in de klas gebruikt werden opnieuw afgesteld moesten worden, omdat de kinderen gegroeid waren. Ik probeerde te helpen waar mogelijk was. Het was geweldig om te zien hoe alle stafleden hun best deden om de kinderen zo snel mogelijk weer in het schoolritme te krijgen. Tijdens die twee weken zomervakantie hadden de meeste ouders geen zin, energie of motivatie om te zorgen dat hun kinderen, waarvan de meeste spastisch waren, in goede lichamelijke conditie bleven. Dat was te zien – de staf moest van voren af aan beginnen.

Ik wist dat ik Na'il hier niet alleen kon achterlaten. Dat zou niet fair zijn ten opzichte van hem of de staf. Zij moesten alles eerst op orde hebben, en daarna pas tijd hebben om een oogje op Na'il te houden.
Hij moest niet alleen wennen aan vele nieuwe gezichten, maar ook aan nieuwe regels.
Deze veel grotere school was overweldigend voor hem en er golden strenge regels: "Nee, je mag geen joysticks van andere kinderen van hun rolstoelen halen!" en "Nee, je steekt niet je voeten in een wc-pot!"
Toiletten intrigeerden hem en tijdens de pauzes nam hij in iedere klas een kijkje hoe ze er daar uitzagen.

Anderhalve week lang keerde ik 's middags doodmoe naar huis. Ik wist dat ik geen keus had en had er alles voor over om Na'il snel te kunnen laten integreren.
Eindelijk brak de dag aan dat Ronit, zijn juf zei:

"Je hoeft morgen niet meer te komen. Ik denk dat we het nu wel zullen redden."

Wat een opluchting! Ik wist dat deze lieve jonge vrouw een zware dobber aan Na'il zou hebben en waarschuwde haar: "Heel streng zijn tegen hem hoor, vooral in het begin. Later kan je de teugels wel wat laten vieren."

Maar Ronit sloeg mijn advies in de wind en waar ik bang voor was geweest, gebeurde. Na'il was rebels en weigerde naar haar te luisteren. Hij schopte en schreeuwde en begon zelfs te spugen, niet alleen in de klas, maar ook in de *hasa'a* (schoolbus). Het was te begrijpen dat hij zich overweldigd voelde door de nieuwe school. Deze grote verandering had zijn vertrouwde wereldje op zijn kop gezet. Ik was niet verbaasd dat hij het emotioneel niet kon verwerken. Ik wist ook dat dit (voor ons beschamende) gedrag kwam doordat hij zich vreselijk gefrustreerd voelde, omdat hij niet kon duidelijk maken wat hij wilde. Ik had medelijden met hem en was bang dat de mensen alleen maar zijn slechte gedrag zouden zien en niet het bijzondere kind waar ik zoveel van hield en dat ik begreep.

Na een paar hele moeilijke maanden begon Na'il geleidelijk aan een beetje mee te werken. Ook de schoolstaf had tijd nodig om Na'il te leren kennen. Urit en Nadia, van Na'ils vorige school, werden uitgenodigd om het personeel van Ilanot te vertellen hoe ze het beste met deze bijzondere leerling om konden gaan. Toen iedereen begreep dat hij een HELE strenge aanpak nodig had, begon de situatie te verbeteren.

Hij genoot van de uitjes met zijn klas naar het winkelcentrum, behalve als ze een verjaardag gingen vieren in een restaurant. Dan nam een van de vrijwilligsters hem mee naar de roltrap, waar hij niet genoeg van kon krijgen. Doordat hij dol was op alles wat vibreerde, ging de staf het vibratie kussen inzetten als beloning voor goed gedrag. Het motiveerde hem om te werken in de klas.

Ingang Ilanot school

Noah, het hoofd van de school was voorzitster van de eerste ouderavond.

"Ik moet je eerlijk zeggen dat we er serieus over gedacht hebben om Na'il naar een andere klas over te plaatsen," begon Noa. Toen ze mijn geschrokken gezicht zag, haastte ze zich te vertellen: "Weet je wat Ronit en de klassenassistenten zeiden?" Ze lachtte. "We willen Na'il helemaal niet kwijt! Geen denken aan, Noah! Hoe kom je erbij?"
Toen ze hen wees op Na'ils gedrag gaven ze toe dat dit een uitdaging was en soms best moeilijk, maar ze zagen ook hoe bijzonder dit kereltje was. Ze hielden van hem.
Toen ik Noah vol trots over haar geweldige staf hoorde spreken kreeg ik tranen in mijn ogen.

"Ik kan jullie niet vaak genoeg zeggen wat een geweldige zegen deze school is. Voor ons allemaal!" zei ik tegen de aanwezige stafleden.

Na'ils spuug gedrag werd er niet beter op. Een kind dat de pech had naast hem te zitten in de schoolbus kreeg meestal de volle laag. De school kwam met een pracht oplossing: hij kreeg een fietshelm voor zijn gezicht, waardoor hij op een schermer leek. Vanwege zijn stijve armen kon hij de helm niet verwijderen. Voorlopig waren de medereizigers 'veilig' voor hem.

Op school was Na'il een moeilijk kind, maar thuis was hij zo lief en gezeglijk als maar zijn kon. Ik schaamde me vaak voor Na'ils gedrag, helemaal toen hij de lerares in haar bovenarm gebeten had.

"We moeten er zeker van zijn dat Na'il geen drager is van Hepatitis B," zei Noah tegen me.

De kinderarts deed een aantal bloedtesten, inclusief het HIV virus. Gelukkig waren alle uitslagen negatief. Alle 'rampen scenario's' die door mijn hoofd hadden gespeeld waren voor niets geweest. Gelukkig maar!

Na'ils in frequente bezoeken aan zijn ouders waren geen succes. Door het ontbreken van duidelijke grenzen liep zijn gedrag daar helemaal uit de hand. Op een middag bracht Machmoed Na'il naar ons gebruikelijke ontmoetingspunt terug en vertelde over de ravage die hij had aangericht. Hij eindigde met: "Ik denk dat hij zo doet omdat hij gefrustreerd is."

Het ontroerde me dat hij het gedrag van zijn zoon vergoelijkte.

"Ik denk dat jullie veel te lief voor hem zijn," zei ik tegen Machmoed. "Jullie moeten heel strikt zijn. Hij moet weten wie de baas is."

Maar doordat ze hem zo graag een plezierige tijd wilden geven, liep Na'il gewoon over hen heen. Ik moest leren loslaten – buiten mijn invloedsfeer kon ik er niets aan Na'ils gedrag doen. Het was tijd om professionele hulp en advies in te winnen over zijn obsessieve en compulsieve gedrag, dus maakte ik een afspraak met de psychiater.

Tussen al deze bedrijven door vervulde God de wensen van mijn hart door mijn 'schrijfdroom' in vervulling te laten gaan. Nadat ik mijn eerste diploma van de *Long Ridge Writers Group* had ontvangen, begon ik aan een tweede Engelse cursus – het leren schrijven van een roman.

Schrijven was een uitlaatklep, het gaf me troost, en ik kon het combineren met de zorg voor de kinderen. Na al die jaren van alleen maar geven en nog eens geven, gaf ik mezelf nu eindelijk toestemming om te schrijven.

Het duurde wel een tijdje voordat ik het kon doen zonder me schuldig te voelen en de gedachte dat het een egoïstisch verlangen was naast me neer kon leggen.

Eindelijk was ik aangekomen in de 'haven van mijn begeerte'. Het gaf me zoveel vreugde. Iets dat ik hard nodig had!

Sandy Brooks, een wijze redactrice, schreef de volgende woorden:

"De meeste van ons beginnen te schrijven
omdat we een diep verlangen hebben,
omdat er een diepe nood is om onszelf te bereiken...
Heel vaak gebruikt de Here deze noden en verlangens
om ons Zijn roeping te laten zien."

Ik ervoer dat mijn schrijven een nieuwe fase bereikt had en genoot met volle teugen. Het was een goede afleiding van de nieuwe problemen en uitdagingen die we met onze kinderen doormaakten.

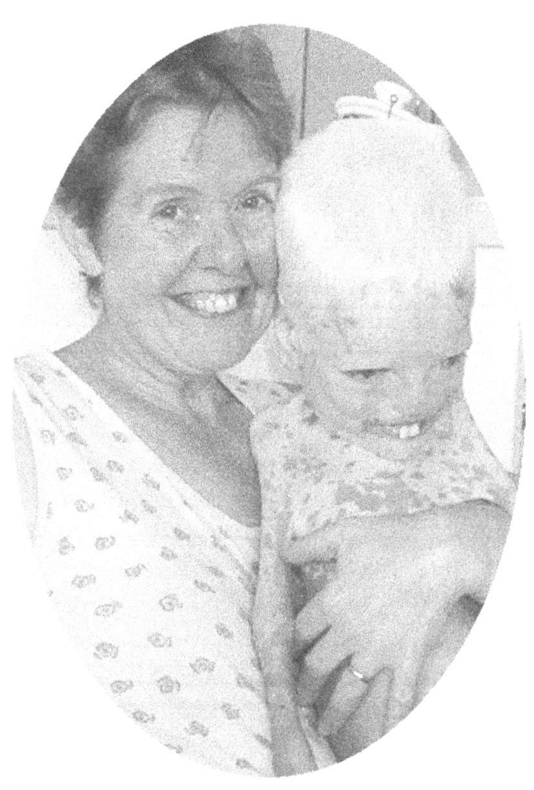

17

Noden, verlangens en een nieuwe bediening

In 2008 nam ik Na'il mee voor zijn eerste bezoek aan de psychiater in Oost-Jeruzalem. De dokter herkende mij van Nadia's opname, een paar jaar daarvoor. Na'il vond de onderzoekskamer natuurlijk prachtig, helemaal omdat het de kamer van een gynaecoloog was, compleet met specifieke onderzoekstafel! De psychiater schreef een lage dosering voor tegen OCD (Obsessief, Compulsieve Gedragsstoornis), en waarschuwde dat kinderen zoals Na'il soms een tegenovergestelde reactie kregen.

"We bouwen het heel langzaam op," zei ze.

Thuis maakte ik de pil fijn en voegde hem aan zijn melk toe, dankbaar dat hij het niet scheen te proeven. Helaas bleek dat de medicatie zijn compulsieve en obsessieve gedrag helemaal niet onderdrukte, het leek zelfs alsof het juist erger werd.

De rugoperatie was voorlopig uitgesteld, wat ik niet erg vond, omdat ik het belangrijk vond dat Na'il eerst zou wennen aan zijn nieuwe school. Een langdurige revalidatie zou alles weer in de war schoppen. Zijn kromme ruggetje moet hem pijn hebben gedaan, maar we hoorden hem nooit klagen. Hij zocht naar de meest vreemde houdingen om zijn rug rust te geven.

Nadia was nu 21 jaar en voor haar was de tijd aangebroken om afscheid te nemen van de Ilanot school. Wij hadden gelukkig nog zeven jaren voor de boeg met Na'il. Het was zo'n fantastische school!

Die zomer werd er op Ilanot een speciale *Olympiada* gehouden waarin de kinderen onderling wedstrijdjes hadden van spelletjes en oefeningen. Als 'meester' zwemmer, moest Na'il tegen andere kinderen 'racen'. Hij had er geen flauw idee van wat er aan de hand was, maar genoot er heel erg van, omdat hij nu extra vaak in het zwembad mocht.

Op een middag gebaarde hij na thuiskomst met zijn hoofd naar de rugzak op de rolstoel. In de tas vond ik in een medaille en een oorkonde – hij had de eerste prijs gewonnen voor 'rugslag'!

"Oh! *Kol hakavod!* Goed zo! *Mazal tov!* Gefeliciteerd!" Mijn omhelzing bracht een brede glimlach op zijn gezicht.

De laatste twee weken van de zomervakantie ging de school dicht en nam Wim vrij om thuis met Na'il te helpen. We braken ons het hoofd waarmee we hem bezig konden houden. Vanwege de hitte en het feit dat ons kereltje alleen interesse toonde in fysieke activiteiten, was het zwembad de enige optie. Wim nam hem mee naar het zwembad in het Jerusalem Forest. Het was de perfecte oplossing, hij vond het prachtig. De mensen waren aardig en de voornamelijk Arabische badmeesters waren gek op het kleine joch. Op de laatste dag van de vakantie ging Wim voor de verandering eens naar het zwembad vlakbij ons huis en dat beviel prima. "Waarom hebben we hier niet eerder aan gedacht?" zei hij bij thuiskomst.

Vanaf die tijd ging Wim iedere vrijdagmiddag en zaterdagmorgen met Na'il naar het zwembad op loopafstand van ons huis. Als wij met hem gingen wandelen, kwamen wij lopend op ons tandvlees thuis terwijl hij nog boordevol energie zat. Nu was het Na'il die moe en tevreden thuis kwam.

Op 1 september zaten Wim en ik op het kantoor van een vrouwelijke advocaat die de voogdij aanvraag behandelde. Het was een ontzettend dure procedure die we uit eigen zak moesten betalen. Maar met het oog op Na'ils toekomst, was het heel erg belangrijk dat we zijn voogden zouden worden. Alleen dan konden we een gehandicapten toelage aanvragen voor als hij achttien werd.

"Als alles volgens plan verloopt," zei de advocaat, "zal de procedure zo'n half jaar duren."

Het leven kreeg zijn vaste ritme, en langzaam maar zeker zagen we Na'ils gedrag verbeteren. Hij was meer ontspannen en als hij gefrustreerd was dan spuugde, schopte of schreeuwde hij niet meer zoals hij dat gewend was. Zijn obsessies en compulsief gedrag leken echter niet door de medicijnen te veranderen. Dus probeerde ik ze maar te negeren.

Als we niet alert waren, kreeg Na'il het op de een of andere manier altijd voor elkaar om het rubber van zijn joystick eraf te scheuren. Bij de metalen pin aangekomen kon hij niet verder. De stoel was hierdoor wel lastiger te besturen, maar hij deed het in ieder geval nog. Vanwege zijn drang om ook aan het metaal te 'knagen', kwam zijn speeksel in het elektronische binnenwerk van de joystick terecht waardoor dat kapot ging. De nieuwe kostte een vermogen. *Dit gebeurt me geen tweede keer!* nam ik mezelf voor, en sloot de nieuwe joystick af met een (in mijn ogen) vakkundig aangebrachte kap. Die bleek dus ook niet 'Na'il-proof' te zijn. Rubber was een obsessie voor hem en van school hoorde ik dat hij alle rubberen beschermhulzen van de rollators 'gegeten' had.

Zijn nieuwe orthodontistisch beugel had scherpe metalen stukjes die op zijn tanden gelijmd zaten. Hij liet overal merktekens achter: 'Na'il was here'...

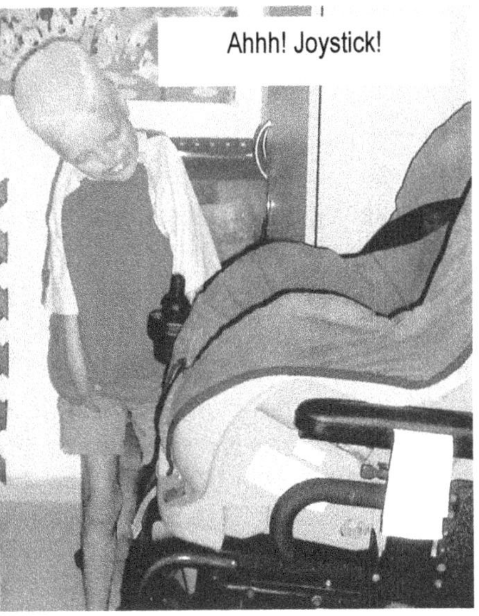

Zoals de meeste gehandicapte kinderen had ook Na'il behoefte aan een vast dagritme – op die manier wist hij wat hij kon verwachten. Wij vonden het geen bezwaar dat ook de Shabbat nogal voorspelbaar was. Ik maakte hem altijd rond 08.30 uur wakker, want als hij tot 11.00 bleef doorslapen, kregen we hem 's avonds niet naar bed. 's Morgens nam Wim hem een uurtje mee naar het zwembad en direct na thuiskomst wilde hij dan weer in bad. "Nee! Later, in de middag!" zei ik keer op keer.
Dan legde hij zich bij de situatie neer en ging een DVD kijken of op bed rusten.

Zodra Wim na het middageten naar boven ging om een dutje te doen, installeerde Na'il zich onder aan de trap. Op die manier kon hij de slaapkamerdeur in de gaten houden. Zodra Wim weer tevoorschijn kwam wist Na'il dat het tijd was voor de *Time Elevator*. Het grappige was dat hij, zodra hij Wim zag, altijd direct naar zijn kamer sjeesde en op bed ging liggen - alsof de opwinding hem opeens teveel was geworden.

Tijdens een van de vakanties waren we met het hele gezin een keer naar de *Time Elevator* gegaan. Door middel van een lift die zogenaamd terug in de tijd zakt, werd de geschiedenis van Jeruzalem verteld. Na'il was helemaal verslingerd geraakt aan de bewegende stoelen en de 3-D film.

Toen het voor Wim en Na'il een terugkerend uitje werd, begon het personeel vader en zoon te herkennen.

"Verbazingwekkend dat je zoon het nog steeds leuk vindt," zei een van de meisjes.

Verslaafd, kon je het beter noemen, want hij begon van pure blijdschap te gieren van het lachen wanneer hij wist dat zijn favoriete scène zou komen. Bij de waterscène keek hij verwachtingsvol naar het plafond, omdat dan een zachte waterspray te voelen was. Jeruzalem bij nacht was ook een favoriet van hem: dan verschenen er kleine, pinkelende sterretjes in het donkere auditorium.

Dit was een duur uitje, maar het was iedere *shekel* dubbel en dwars waard – nu had Na'il tenminste iets waar hij dol op was. Dat ging zo een aantal weken door, toen op een dag het meisje achter de kassa zei dat Wim vanaf nu maar een hele lage toegangsprijs hoefde te betalen. We waren ontroerd van deze onverwachte daad van barmhartigheid.

Wim vond het niet erg om Na'il overal mee naar toe te nemen, maar ik begon me zorgen te maken over de toekomst. Wim werd er niet jonger op, hij was nu 61, en had osteoporose. Het was niet goed voor zijn rug om iedere keer de zware wandelwagen trap op trap af te zeulen om bij het zwembad te komen. Ook Na'il in en uit de auto tillen was een belasting voor zijn ontkalkte lendenwervels.

Ook al was ik dan tien jaar jonger dan Wim, mijn energieniveau was niet bepaald wat het geweest was. Ik zag vreselijk op tegen die rugoperatie van Na'il die nog steeds in de 'wachtkamer' stond.

Je moet dag voor dag nemen, één tegelijk, vermaande ik mezelf. "Vertrouw op de Heer, dat Hij je zal helpen als de tijd daar is. Hij zal ons de kracht geven die we nodig hebben om voor deze bijzondere kinderen te kunnen blijven zorgen."

Na'il vond het heerlijk om naar school te gaan en de schoolstaf was enthousiast over zijn positieve veranderingen. Hij was nu gemotiveerd om te werken en nieuwsgierig om nieuwe dingen te leren. Lori, de bezigheidstherapeute, had lange termijnplannen voor ons kereltje en had een op maat gemaakt programma om aan zijn ontwikkeling te werken.

Wanneer ik maar een gaatje zag, zat ik achter de computer om te schrijven. Na schooltijd kroop Na'il vaak op zijn rug naar boven, om bij mij op m'n kantoor te zijn. Het was een voor hem nieuw gebied om te onderzoeken en hij haalde dan ook het nodige kattenkwaad uit. Als het voor mij onmogelijk werd om me te concentreren, nam ik hem weer mee naar beneden, waar hij zijn vader kon gaan 'pesten'.

Nadia deed het goed op de sociale werkplaats waar ze vijf dagen per week naar toe ging. Fahima's vervangende dienstplicht werd gedaan door middel van een speciaal programma voor gehandicapte jongeren, waarbij ze ook leerde zelfstandig te worden.

Tot onze grote verbazing kregen we van het ministerie van Gezondheid toestemming voor twee elektrische rolstoelen. Uiteraard stond Na'il de hele dag kwijlend bij de nieuwe joysticks! Nadia was als de dood dat haar broertje die van haar ook zou vernielen en met gegronde reden! Na'il was nu bezig met zijn derde joystick – wat ik ook deed om de joystick zo goed mogelijk te beschermen, het lukte hem altijd weer om het rubber aan flarden te scheuren.

De onregelmatige bezoekjes aan zijn biologische ouders werden steeds problematischer. Op een gegeven moment werden we door Machmoed opgebeld: "Kunnen jullie hem alsjeblieft twee uur eerder dan afgesproken komen halen? Hij heeft ons huis bijna vernield!"
Ik schaamde me vreselijk!
Eenmaal weer bij ons thuis, was Na'il zo mak als een lammetje, blij en gehoorzaam. Hij wist waar zijn grenzen lagen, waarbinnen hij zich veilig voelde.

In november gaf ik zoals gewoonlijk Na'ils recept voor 170 blikjes Nutrilon aan de apotheek van het zorgcentrum.

"Dit merk hebben we op het moment niet,' zij de apothekersassistente. "We wachten op een nieuwe zending vanuit het buitenland. In heel Israël is geen Nutrilon aanwezig en ik weet niet wanneer we het zullen krijgen."
Ik schrok vreselijk. Dit was een ramp waarvan ik gehoopt had die nooit te hoeven meemaken. Ik raakte in paniek, want Na'il dronk geen ander voedsel. "Kunt u een soortgelijke vervanging bestellen?" vroeg ik. *Maar stel dat hij het weigert te drinken?*

"Dan moet ik een ander recept hebben," was het antwoord.
Mijn hersens werkten op volle toeren. *Werkt de kinderarts vandaag?* vroeg ik me af. *Nee, ik moet eerst met de diëtiste spreken. Die moet me zeggen wat er het dichtst bij komt.* Gelukkig had ik thuis nog een voorraad om de eerste twee weken door te komen, maar er moest snel gehandeld worden. Het was een stressvolle tijd, maar gelukkig kregen we een melk die qua samenstelling heel dicht bij de Nutrilon lag. Tot mijn grote opluchting accepteerde Na'il het nieuwe merk. Het leek wel alsof hij het zelfs lekkerder vond!

Het bleek dat verstandelijk gehandicapte kinderen iedere zes jaar een of andere psychologische test moesten ondergaan. Na'il vond het centrum waar de test afgenomen werd natuurlijk spannend, helemaal omdat de gang cirkelvormig gebouwd was. Zittend in zijn wandelwagen controleerde hij alle deurkrukken met zijn voet. Daarna reed hij rondjes door zichzelf met zijn rechterbeen voort te duwen. Ik werd duizelig van het achter hem aan rennen.

Wachten was nooit zijn sterkste punt en het was moeilijk om hem in het gareel te houden. Toen we eindelijk de kamer van de psycholoog binnen mochten, wilde Na'il er meteen weer uit! Een blik op het jongetje en de psycholoog begreep dat hij hem niet op de gebruikelijk manier zou kunnen testen. In plaats daarvan stelde hij mij allerlei vragen, terwijl Na'il ongeduldig probeerde uit te breken. Vijftien minuten later stonden we weer op de gang, om te wachten op de volgende expert op de lijst.

Zowel onze psychiater als ik waren verbaasd elkaar hier te treffen, want ze wist niet dat Na'il deze test zou ondergaan. Haar kamer had een onderzoekstafel, waardoor Na'il helemaal blij werd – hij hoopte lichamelijk onderzocht te worden. Aan het eind van de vermoeiende morgen kwamen we in een kamer met specialisten, die opnieuw allemaal vragen gingen stellen over Na'il. Ze hadden meteen in de gaten dat hij een sterke wil had, en intelligent was. "Lichte mate van achterlijkheid", was hun conclusie.

De kinderarts wilde dat ik een maag-darmspecialist consulteerde.

"Ik wil weten waarom hij weigert normaal voedsel te eten," zei ze.

Inwendig slaakte ik een diepe zucht. "Weet u, ik vind het geen probleem," zei ik eerlijk. "Nu hoef ik me tenminste geen zorgen te maken dat hij voldoende calorieën binnenkrijgt. Als hij 1 liter drinkt, heeft hij 1000 calorieën binnen. Dankzij deze formule is hij gegroeid en veel sterker geworden. Hij is zo gezond als een vis."

Ondanks mijn pleiten wilde de dokter toch dat ik een specialist bezocht.

Tegen de tijd dat we eindelijk naar huis konden was ik helemaal aan het eind van mijn latijn. Na'il was chagrijnig, want het was lang niet zo leuk geweest als hij gehoopt had.

Medio december nam ik deel aan een 'marathon' vergadering in Ilanot waar ik iedereen die met Na'il werkte ontmoette. Samen brainstormden we over de beste manier van onderwijzen en over onderwerpen die onzes inziens beter later aangepakt konden worden. Opnieuw was ik onder de indruk van hun professionaliteit en motivatie om deze heel ernstig gehandicapte kinderen hun volledige potentieel te laten bereiken.

Allemaal spraken ze over hun liefde voor Na'il, het bijzondere kereltje dat ze achter zijn uiterlijke 'vreemdheid' zagen, en de schijnbaar eindeloze mogelijkheden die er waren om hem nieuwe dingen te leren.

"Weet je dat Na'il nu op het keyboard speelt?" zei de muzieklerares vol trots. "Vroeger bonkte hij op de toetsen met zijn voeten om de vibraties maar te voelen, maar ik heb hem geleerd om met zijn tenen een melodietje te spelen!"

"Ik weet het," zei ik. "Een van de orthodontisten in Hadassa heeft het me verteld."

Die arts en zijn vrouw bleken bevriend te zijn met de muzieklerares, die hen op een avond vertelde over dat speciale jongetje in haar klas. Over de bijzondere wereld van de gehandicapten gesproken! We voelden ons zo bevoorrecht om daar deel van te mogen zijn.

Vlak voor de Kerst bracht ik de psychiater verslag uit van Na'ils voortdurende obsessies en ze zei me de dosering naar 250 mg te verhogen. Tot die tijd had Na'il geen bijverschijnselen vertoond. Overdag was hij nooit slaperig, en ik verwachte ook dit keer geen problemen, dus gaf hem de hogere dosis.

"Na'il was agressief in de klas." Ik schrok toen ik het las in het communicatieschrift. "Toen hij niet kreeg wat hij wilde gooide hij tafels en stoelen omver."

Op school was hij daarnaast ook slaperig, maar thuis was hij weer zijn gewone, lieve zelf. We hoopten dat zijn lichaam snel aan deze hogere dosis gewend zou raken en dat de OCD medicatie eindelijk zou gaan werken en zou doen waar het voor bedoeld was: het reguleren van zijn obsessies en dwangneuroses.

Zondag 28 december: terwijl ik met onze maatschappelijk werkster in gesprek was kreeg ik een bezorgd telefoontje van Ilanot.

"Er is iets niet in orde! Na'il is in de klas in slaap gevallen," zei Lena, de hulp juf. "Hij heeft geen koorts, maar we vinden dat zijn benen een vreemde kleur hebben. Wil je dat we hem laten slapen, of moeten we hem wakker maken?"

Ik vond het vreemd, maar was niet verontrust en zei dat ze hem wel na een uur moest wakker maken. "Anders krijg ik hem vanavond niet meer naar bed."
's Middags volgden we zijn gewone schema en hij leek niet anders dan anders of ziek te zijn. Ik concludeerde dat de vreemde kleur van zijn benen kwam door het koude weer en zijn weigering om sokken en schoenen te dragen.
De laatste tijd weigerde hij ook lange broeken te dragen. Iedere keer als ik er een aantrok, wist hij ze binnen een mum weer uit te wurmen. Als dat niet lukte vanwege strak elastiek, dan beet hij, geholpen door zijn beugel, eerst een gat in de knie, waarna hij de hele broek aan flarden scheurde. Er zat niet anders op dan hem in een korte broek naar school te sturen – zelfs in de winter!
's Nachts sliep hij altijd met zijn benen bloot, terwijl zijn bovenlichaam onder een dikke laag dekens lag. Als ik hem 's morgens wakker maakte was ik altijd verbaasd dat zijn voeten warm waren. Waarschijnlijk voelde hij intuïtief aan wat hij nodig had.

Als het zijn gezondheid niet in gevaar bracht, of te gevaarlijk voor hem was, dan gaf ik hem in die dingen maar zijn zin. Het resulteerde vaak wel in opgetrokken wenkbrauwen van vreemden die bezorgd vroegen of hij het niet koud had.

Doordat Na'il op school zoveel geslapen had, wilde hij uiteraard 's avonds niet naar bed op zijn gebruikelijke tijd. In plaats van 20.30 uur, was hij rond 23.00 uur nog steeds wakker!
In de verwachting dat hij spoedig zou wennen aan de hogere medicatie, vroeg ik de lerares hem tijdens schooluren wakker te houden.

We kregen een nieuwe vrijwilligster – Mirjam, die iedere zondagmiddag leuke dingen met Na'il ging doen. Het jaar daarvoor had zij in Na'ils klas stage gelopen en was dol op het kereltje geworden. Ik vroeg me af hoe hij nu op haar zou reageren, of hij zich net zo zou gedragen als tegen Simon, een andere vrijwilliger, die er mee op was gehouden, omdat hij Na'il niet aan kon. Mirjam werd een geweldige zegen. Na'il hield van haar en accepteerde haar autoriteit. Ze was streng voor hem en dat had hij nodig.
Ze namen de bus naar het centrum van de stad waar hij nieuwe gebieden ging ontdekken. De kroon op die uitjes was een bezoek aan de Time Elevator. Omdat we niet wilden dat hij daar twee dagen achter elkaar naar toe ging, lieten we het zaterdag bezoek vervallen. Na'il vond dat maar niks en bleef met zijn hoofd wijzen op het communicatiebord waarop een plaatje stond van zijn geliefde attractie.

Als het goed weer was nam ik Na'il zaterdagsmiddags mee voor een wandeling. Op een dag zag hij schommels in een speeltuin. Deze hadden geen steun in de rug, dus ging ik met hem op schoot op de schommel zitten. Samen schommelden we zachtjes heen en weer. Hij genoot en ik genoot weer van zijn blijde reactie.
Als een gehandicapt kind naar een speeltuin gaat betekent dit voor de ouders altijd zwaar fysiek werk. Maar de blijde lach en vreugde kreten maken het meer dan de moeite waard.

Eind december moesten onze beste vrienden verhuizen, dus nodigden we het team van helpers uit om bij ons te komen eten. Wekenlang hadden we heel wat gasten aan tafel, waar Na'il enorm van genoot. Met zijn mond pakte hij dan een lepel van de tafel, waarmee hij op een nietsvermoedend 'slachtoffer' toeliep.

"Wat wil hij?" was dan de reactie van de verbaasde bezoeker.

"Je moet de tandarts nadoen," legde ik uit. "Je gebruikt de lepel om zijn tanden te controleren."

Over obsessies gesproken!

Het jaar leek extra snel voorbij te zijn gegaan. Ik was heel erg moe en schreef mijn rusteloosheid toe aan het extra werk en de drukte van het helpen bij de verhuizing van onze vrienden. Ik kon mijn angstige voorgevoel niet plaatsen en wilde er ook niet bij stilstaan.

Waarschijnlijk weer de waarschuwingssignalen van een nieuwe burn-out, dacht ik.

Was het maar zo 'eenvoudig' geweest. Het bleek veel erger te zijn!

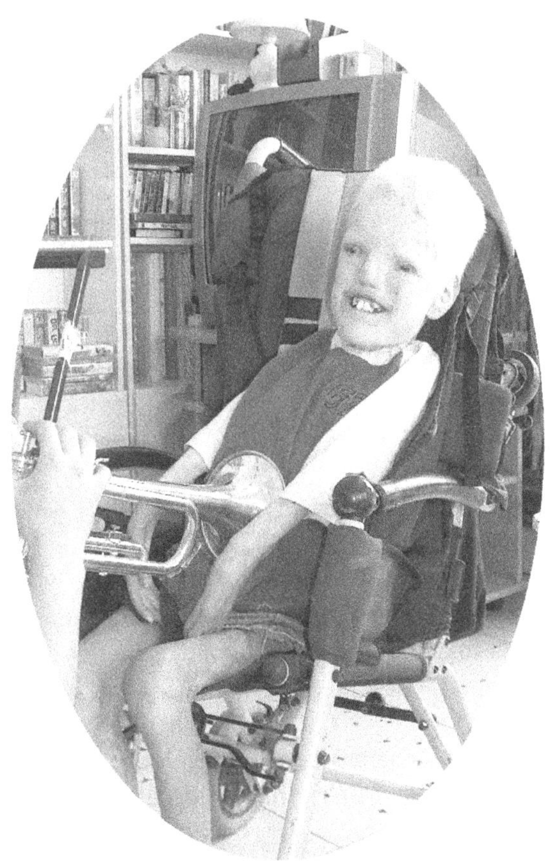

18

Donkere wolken van verdriet

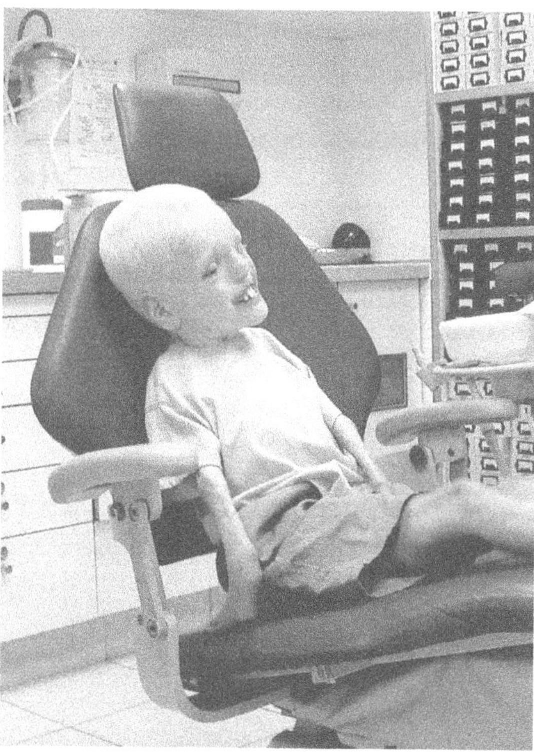

Voor Na'il begon 2009 heel goed. Op 1 januari lijmde professor Becker de metalen stripjes op zijn ondertanden voor zijn nieuwe beugel. We waren dankbaar dat hij zo goed mee werkte - meer dan we ooit hadden durven hopen! Hij liet aan iedereen zijn orthodontische beugel zien!

De boodschappen die ik van school kreeg bleven hetzelfde: Na'il was niet zichzelf. Ik schreef zijn gedrag toe aan de medicatie, zijn nieuwe beugel en/of een kleine infectie op zijn oorschelp.

Zal wel weer voorbijgaan, stelde ik mezelf gerust. *Gewoon een fase waar we doorheen moeten.*

Na'il dronk inmiddels weer zijn Nutrilon en ik zag geen veranderingen in zijn stoelgang. In de winter dronk hij altijd minder dan in de zomer en als zijn groeiende lijfje meer energie nodig had, dan vroeg hij zelf om meer. Na verloop van tijd kwam hij altijd weer uit op een gemiddelde van een liter per dag. Ik had geleerd om me geen zorgen te maken als hij minder dronk – hij haalde altijd zijn schade vanzelf wel weer in.

Midden januari schreef de lerares dat Na'il twee uur geslapen had in de klas. Ik besloot de medicatie met 25 mg te verlagen om te zien of het daar aan lag.

De twee doktersbezoeken maakten Na'il helemaal gelukkig! De longspecialist gaf het groene licht voor de mogelijke rugoperatie. De twee vrouwelijke artsen waren stomverbaasd over ons kleine mannetje en, als een trotse moeder, vertelde ik over zijn vooruitgang. Een longfunctietest was niet te doen bij Na'il en ze geloofden mij op mijn woord dat hij langer onder water kon blijven dan menig volwassene en dat hij nooit bronchitis of longontsteking had gehad. Alleen om hem een plezier te doen onderzocht de dokter hem – hij was dolgelukkig!

Twee dagen later waren we weer terug in het Hadassa ziekenhuis voor een bezoek aan de maagdarmspecialist. Het lange wachten in de hal van de Moeder en Kind kliniek was voor Na'il heel moeilijk. Hij bleef maar zeuren en drammen dat hij naar de 4^e^ verdieping wilde – Kinderchirurgie, zijn favoriete afdeling. Via doventaal bleef ik maar gebaren dat hij vandaag niet geopereerd zou worden en dat het alleen maar een onderzoek zou zijn. Hij vond dat maar niks en ik was opgelucht toen we eindelijk aan de beurt waren.
Ook deze dokter stond verbaasd en was ontroerd bij het zien van dit bijzondere kind. Blij op en neer wippend lag Na'il op de onderzoekstafel, met zijn voeten het papier aan flarden scheurend. Hij probeerde de otoscoop (om oren te bekijken) met zijn voet te pakken.

"*Lo!* Nee! *Asoer!* Mag niet!"

Ik vertelde de specialist dat Na'il alleen maar babyvoeding wilde drinken en sprak over zijn groei en gezondheid. De dokter haalde er een andere specialist bij om Na'il te bekijken. Beide artsen beklopten en beluisterden zijn buik en concludeerden dat het niet nodig was om allerlei pijnlijke onderzoeken te ondergaan om er achter te komen waarom hij normaal voedsel weigerde. "Gewoon doorgaan met Nutrilon,"was hun advies.
Opgelucht stapten we de gang in. Na'il werd helemaal blij toen hij een groepje artsen zag staan praten.

"Hé! Ik ken hem!" riep een van de artsen uit. "Hij heeft ooit zijn heupbeen gebroken, klopt dat?"

"Wow! Dat u zich dat nog kan herinneren na al die jaren!"

"Kan je me iets meer vertellen over zijn syndroom?" vroeg de dokter.

Een geïnteresseerde collega greep snel naar een pen. Zoals de meeste Israëli's, had ook hij moeite om het op te schrijven.

"Het is Klein.... wat?"

"Klein-Waardenburg, type drie," zei ik.

De meeste medische studenten konden zich vaag herinneren dat ze tijdens hun studie over dit syndroom gehoord hadden. Ze vonden het altijd geweldig om zo'n 'geval' in levenden lijve te ontmoeten. Ik was blij mijn kennis met hen te delen en Na'il genoot van de extra medische aandacht.

De narcotiseur was de volgende op de preoperatieve lijst.

"Ze is er rond 12.00 uur," zei de aardige verpleegkundige. "Wil je een afspraak maken voor een andere keer, of wachten? Dan zet ik je boven aan de lijst." Ik besloot te wachten. Ik was moe en hongerig en had de grootste moeite om een chagrijnig, ongeduldig jongetje bezig te houden. Hij bleef maar drammen dat hij naar de 4e verdieping wilde en ik had inmiddels spijt dat ik besloten had te wachten.

Toen we eindelijk aan de beurt waren wierp de vrouwelijke narcotiseur een blik op Na'il en blafte toen: "Ik heb geen tijd voor jullie!" Ze verschoof wat papieren op haar bureau. "Je hebt geluk dat ik jullie zelfs maar wilde ontvangen, maar ik kan je niet helpen."

Gelukkig luisterde ze naar mijn verhaal over de 'preoperatieve waslijst'. Snel bladerde ze Na'ils status door, waarop ze mij een nieuwe lijst meegaf met dingen die zij onderzocht wilde hebben voor zo'n grote operatie. Ik ging in tenminste niet met lege handen bij haar vandaan en was dankbaar dat het bezoek geen tijdsverspilling was geweest.

Eenmaal thuisgekomen stond ik voor drie urgentie situaties: Na'il moest naar de wc, de honden waren aan het huilen en blaffen, die moesten ook hoognodig worden uitgelaten, en ik, met een door honger veroorzaakte hoofdpijn, stond op het punt in te storten.

Zoals altijd moesten moeders noden tot later wachten.

Na'il kon niet alleen thuis gelaten worden, dus nam ik hem mee met terwijl ik de honden uitliet, die daarna hun eten moesten hebben. Natuurlijk wilde Na'il toen een fles, en pas daarna was mama aan de beurt.
Terwijl Na'il in bad speelde, liet ik me op de bank vallen, waar ik met één oog en oor open in slaap viel. Na tien minuten presteerde hij het meestal om er weer uit bad te klimmen, en ik wilde niet dat hij in zijn nakie heen en weer zou rennen en kou vatten.
Ik wist dat psychiatrische medicijnen zo'n drie weken nodig hadden om aan te slaan en hun werk te doen. In het geval van een verlaagde dosis, zou het dus ook net zo lang duren voordat we resultaten zagen.
Op school bleef Na'il onrustig en geagiteerd. Hij viel vaak in de klas in slaap en had maar een korte aandacht curve. Zijn eetlust was normaal en evenzo zijn stoelgang. In de middagen en op Sjabbat gedroeg hij zich normaal en ik schreef zijn behoefte aan rust toe aan zijn kromme ruggetje. Inmiddels was zijn dosering weer terug op 200 mg.
De psychiater was verbaasd toen ik haar vertelde over Na'ils sterke reactie op de hogere dosis en ze fronste bij het horen van zijn agressieve gedrag en het feit dat hij in de klas in slaap viel. "Maar ja, met deze kinderen weet je het maar nooit," zei ze.

Nadia werd geveld door de griep en stak Na'il aan. Gelukkig had hij 'alleen' maar koorts, zonder spugen en diarree, dus behandelde ik zijn koorts met de gebruikelijke paracetamol. Na een paar dagen kon hij weer terug naar school.

Donderdag, 29 januari. Professor Becker toonde zijn collega's vol trots hoe goed Na'ils tanden op de beugel reageerden. Ons kleine mannetje straalde gewoon door al die extra aandacht en het viel me op dat hij weer meer lachte. *Ik hoop dat hij weer bezig is de oude te worden,* dacht ik.

"We blijven het maar uitstellen," zei Wim op een zaterdagmorgen. "Laten we nu wat foto's van ons samen maken." Op die 31^{e} januari maakte ik een serie foto's van ons tweeën met behulp van de zelfontspanner.
Na'il vond het altijd spannend om in de zoeker van de camera te kijken

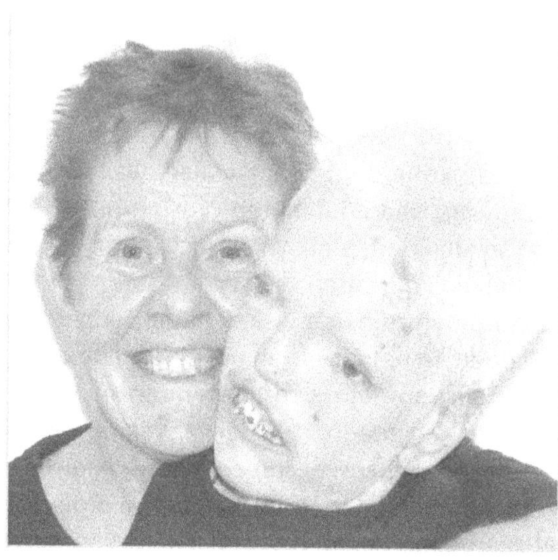

en in een opwelling greep ik hem beet voor een foto van ons samen. Dat vond hij maar niets, hij wilde door de zoeker kijken! Later had ik spijt dat ik geen foto gemaakt had van zijn reactie toen hij een afdruk van ons samen zag.

Hij schaterde van het lachen en zond een stralende lach in mijn richting, terwijl hij met zijn grote teen op mijn gezicht in de foto bleef tikken. Hij kon het wonder niet bevatten, maar het maakte hem dolgelukkig. Ik kon toen niet weten dat dit de laatste foto van ons geliefde kind zou zijn.

Zondag 1 februari was Na'il aan het hoesten toen ik hem uit de school bus haalde. De begeleidster vertelde dat hij de hele weg geslapen had. Hij was moe, maar had geen koorts, dus liet ik hem met Mirjam meegaan naar de Time Elevator. Het werd zijn laatste bezoek. Mirjam kwam vroeger thuis dan gewoonlijk; volgens haar was hij heel erg moe geweest en was hij niet zichzelf. Eenmaal thuisgekomen wilde hij meteen in bad en 's avonds had hij opnieuw koorts. Het griepseizoen was aangebroken en ik hoorde van allerlei kanten dat mensen last hadden van hoesten, overgeven en diarree. *Hij is nog zwak van zijn vorige griep,* dacht ik. *Waarschijnlijk heeft hij het weer te pakken.*

Maandag 2 februari. In de wetenschap dat ik thuis vast zou zitten vanwege Na'ils griep, liep ik vroeg naar de dichtstbijzijnde kruidenier om eten in huis te halen. De frisse ochtendlucht prikkelde mijn neus. Ik struikelde bijna toen ik een buurvrouw groette die haar dagelijkse ochtendwandeling maakte. De bodyguards van een Knesset lid die in een van de flats woonde, waren net klaar met het controleren van de langs de stoep geparkeerde auto's.

Een andere bodyguard stond in de rij voor de kassa.

"Wat heerlijk dat je zo vroeg open bent, Chaim!" zei ik tegen de eigenaar. "In Holland gaan de winkels pas rond 08.00 uur open."

"Wat denk je van België?" zei Chaim. "Daar gaan ze pas na 09.30 uur open. Lekker relaxed, geen gehaast!" Hij was al sinds 05.00 uur op en aan zijn werk leek geen einde te komen. "Ik vond het maar een saaie bedoeling in België!" gaf hij toe.

"Kan ik me goed voorstellen," zei ik. "Hier in Israël lijkt er altijd van alles te gelijk te gebeuren. Nooit een saai moment! Een gezegende dag, Chaim!"

"Amen!" zei hij. "Van hetzelfde!"

De geur van het vers aangeleverde brood bleef in mijn neus hangen. De tassen drukten zwaar in mijn schouders terwijl ik langzaam de heuvel weer op liep. Hoog, in de grijs met babyblauwe lucht, dreven een paar pluizige wolken. Ik zag drie witte ibissen vliegen, in slome formatie. *Hebben waarschijnlijk in de Bijbelse dierentuin geslapen,* dacht ik.

De scherpe kreet van een paartje grasparkieten weerkaatste tegen de gebouwen; ze waren op weg naar het nabij gelegen park. Het geluid van hamerslagen afkomstig van een bouwplaats gaf een gestaag ritme aan de ochtend die gevuld was met vogelgezang. De opkomende zon beschilderde het Jeruzalemsteen met een warme gloed. Ik slaakte een diepe zucht. Wat was het toch een voorrecht om in Jeruzalem te mogen wonen! Op de zandstenen heuvels van onze woonwijk kwamen overal jonge scheuten uit de aarde. De kromme amandelboom lokte de bijen met haar eerste witte bloemen. Voordat ik het huis binnenging snoof ik nog eenmaal de frisse ochtendlucht op.

Wim stond al klaar om naar kantoor te gaan. "Na'il is wakker," zei hij en kuste me gedag.

Het was niet eenvoudig om aan ons manneke uit te leggen dat hij niet naar school kon omdat hij ziek was. Ik stelde me in op een aan huis gebonden dag, dankbaar dat ik tenminste deze 'ochtend ervaring' gekregen had.

De Bijbel zegt dat we de dag van kleine dingen niet moeten verachten (Zacharia 4:10). Dat probeerde ik dan ook niet te doen.

Niet alleen had Na'il hoge koorts, hij had ook diarree en ik was blij dat hij in ieder geval bleef drinken. Vurig hoopte ik dat het niet erger zou worden en we weer in het ziekenhuis zouden belanden. Ondanks de hoge temperatuur was Na'il alert, hij wilde in bad en keek naar een dvd. Tussendoor sliep hij veel. *Dat is goed,* dacht ik. *Slaap is het beste medicijn.*

Die avond volgden we weer het gewoonlijke bedtijdritueel: liggend op de commode poetste ik Na'ils tanden met de elektrische tandenborstel waar hij zo gek op was. Daarna maakte ik met een dun borsteltje de metalen plaatjes op zijn tanden schoon. Een spuit vol mondwater was dan de kroon op de behandeling. Hij liet het vieze goedje uit zijn mond lopen dat werd opgevangen door een dubbele handdoek onder zijn hoofd. Dit tweemaal daagse ritueel verveelde nooit – onze kleine jongen vond het heerlijk om verzorgd te worden.
Vol genot onderging zijn gevoelige lijfje de massage met body lotion en dan zijn gezicht met Nivea. Zijn altijd droge ogen kregen oogdruppels – dat bleef opwindend voor hem!
Vervolgens kreeg hij dan een nachtluier om, zijn korte pyjama broek aan en onze kleine jongen was klaar voor bed. Ik tilde hem van de commode, gaf hem een stevige knuffel en overlaadde hem met kusjes, waarna ik hem in bed legde.

Vroeger draaide Na'il zich 's nachts regelmatig om, maar nu sliep hij alleen maar op zijn rechterzij. Ik denk dat dit voor zijn kromme ruggetje de meest comfortabele houding was. Onderstoppen onder een stapel dekens (benen bloot), moest altijd gebeuren met een vaste volgorde, en zijn favoriete deken boven. Nog een laatste kus op zijn voorhoofd, een aai over zijn kort geknipte zilverwitte haren en ik verliet de kamer.
Die nacht sliep ik rusteloos, maakte me zorgen over onze kleine jongen en bad dat de koorts zou breken. Het nare voorgevoel dat ik had schreef ik toe aan mijn oververmoeide lichaam en geest.

Dinsdag 3 februari. Na'il had nog steeds hoge koorts, zijn ontlasting leek op diarree en hij sliep veel.

Omdat ik al een afspraak had lopen bij de kinderarts, besloot ik om toch maar te gaan, ondanks de koorts. Hij was alert en blij om er naar toe te gaan, maar had geen energie om, zoals gewoonlijk, het gebouw te onderzoeken. Ik vertelde de kinderarts wat voor symptomen Na'il had en zij bevestigde dat er heel veel kinderen met griep waren. Hij kreeg antibiotica zalf voor het kleine wondje op zijn oor. Om Na'il ter wille te zijn, die vol verwachting op de onderzoekstafel lag te wachten, luisterde ze naar zijn hart, longen en buik. Ze kon niets vinden.

"Let er op dat zijn koorts niet te hoog wordt," adviseerde ze. "En verder moet je de natuur zijn gang maar laten gaan."

Het was een zware dag geweest. Ik was doodmoe, maar besloot toch om nog een avondwandeling door de wijk te maken in de hoop dat een beetje frisse lucht me goed zou doen. Thuisgekomen hoorde ik Na'il kokhalzen. Dat deed hij wel meer als er snot in zijn keel gleed (hij kon zijn neus niet snuiten). *Zou het van het hoesten komen?* vroeg ik me af. Zijn temperatuur was iets gezakt, maar hij was erg onrustig. "Ik slaap vannacht beneden," zei ik tegen Wim. "Dan ben ik er meteen bij als hij echt ziek wordt."

Een uur later was Na'ils rusteloosheid erger geworden. Hij was kortademig en zijn gezwollen buikje voelde keihard aan. Er was iets goed mis met hem! Met uitgeschakelde emoties deed ik wat nodig was en pakte een 'ziekenhuistas'. Mijn angst werd bevestigd toen Micha, onze buurman-dokter, met de stethoscoop naar Na'ils buik luisterde en geen peristaltiek kon horen. *Het lijkt wel op een ileus (darmafsluiting)* dacht ik. *Na de operatie zal hij wel weer de oude worden. We moeten er doorheen. Here, help me, want dit betekent opnieuw een slapeloze nacht. Zo niet nachten!*

In mijn oververmoeide staat zag ik er vreselijk tegen op, maar we hadden geen keus – we moesten met ons kostbare zoontje naar het Hadassa ziekenhuis. En snel!

Generale
repetitie

19

Veilig in de armen van de Hemelse Vader

21.30 uur. Zittend in de achterbak van onze auto hield ik Na'ils wandelwagen stevig vast terwijl Wim ons naar het ziekenhuis reed. Na'il zat rechtop en ik denk dat hij zich wel realiseerde waar we naar toe gingen, maar hij moest teveel moeite doen om adem te halen om er van te kunnen genieten. Wim keerde meteen naar huis terug omdat we Nadia niet alleen konden laten. Op de kinder-Eerste Hulp werden we meteen naar een Intensive Care hoek verwezen. Na'ils toestand verergerde met de minuut. Ik kwam in een levende nachtmerrie terecht.

Hij kreeg een ademstilstand toen de verpleegkundige een neussonde probeerde in te brengen en het leek eeuwen te duren voordat de narcotiseur hem aan de beademing had aangesloten. Drie verpleegkundigen en twee artsen probeerden zijn snel dalende bloeddruk te stabiliseren. Niemand wist wat de oorzaak was, alleen dat zijn buik vol lucht zat.
Vanwege de vele griepcomplicaties lag de kinder-Eerste Hulp overvol en er moesten hulptroepen komen van de Eerst Hulp voor volwassen. Normaal gesproken mogen ouders er niet bij blijven als het medische personeel met het kind bezig is, maar omdat ze wisten dat ik verpleegkundige was, mocht ik deel van het team worden.

Pas toen Na'ils bloeddruk gestabiliseerd was (deze was zo laag dat ze hem bijna niet konden vinden), werd een CT scan gemaakt. Toen ik de kleur van zijn beentjes zag wist ik in mijn hart al dat we een verloren strijd streden. Volgens de CT scan waren de hoofdorganen omringd door lucht, waardoor de bloedcirculatie naar zijn nieren en benen werd afgeklemd. Van een perforatie was niets te zien en men wist nog steeds niet wat de oorzaak was van al die lucht in zijn buik.
Een Arabisch arts belde Machmoed, die tegelijk met de kinderchirurg arriveerde. Eén blik op het kleine jongetje en de chirurg schudde verdrietig zijn hoofd. Na'il was stervende.

"Er is een kans van 1% dat een operatie verlichting kan brengen," zei hij. "Maar het is mogelijk dat Na'il de operatie niet overleeft." Machmoed wilde die ene procent kans op een wonder aangrijpen, maar ik wist dat het daar al te laat voor was.

Woensdag morgen 04.00 uur. Terwijl Na'il geopereerd werd, zaten Machmoed en ik vol spanning in de lege wachtkamer bij de operatiekamers te wachten tot de wereld wakker zou worden.
06.00 uur. Een uitgeputte chirurg bracht ons het verdrietige nieuws dat hij Na'il niet had kunnen helpen. Necrose (afsterving) van zijn dunne darm, waarschijnlijk veroorzaakt door een bloedstolsel, was de oorzaak geweest van de gasvorming in zijn buik. Een uur lang had de chirurg geprobeerd de buikwond te sluiten, maar alles was zo opgezwollen dat het niet gelukt was. Na'il had de operatie overleefd en zodra hij stabiel genoeg was zou hij naar de intensive care van de kinderchirurgie overgebracht worden.

Het ziekenhuis ontwaakte, de vroege diensten begonnen te arriveren en wij bleven maar wachten op nieuws van Na'il.
Wim kwam ons om 08.00 uur halen, verbaasd Machmoed en mij nog steeds bij de wachtkamer van de operatiekamer te vinden. Hij wist ons te vertellen dat Na'il al boven lag. De ochtenddienst had niet geweten dat we daar zaten en had ons niet in kennis gesteld.
Met z'n drieën werden we in een kamer gebracht waar twee artsen, een maatschappelijk werkster, de hoofdverpleegkundige en twee stafmedewerkers ons alle tijd gaven om vragen te stellen. Ze luisterden naar onze verhalen en bereidden ons toen voor om afscheid te gaan nemen van een stervende Na'il.

Aangesloten op nog meer slangen, snoeren, elektrodes en drains, zag ik dat Na'ils gezichtje al een doodskleur had. Zijn pols en bloeddruk waren ontzettend laag.
Twee van Machmoeds broers stonden aan een kant van het bed te huilen, dus ging ik aan de andere kant zitten. Ik streelde Na'ils gezichtje, zijn kort geknipte haartjes, kuste zijn al koude voorhoofd, zijn gesloten ogen, het prachtig gevormde oortje dat nooit had kunnen horen en probeerde me al die details zo goed mogelijk in te prenten.

Wim en ik zeiden ons kostbare jongetje gedag, ons unieke Godsgeschenk.

"Ga maar naar het Licht, Na'il!" Wim gaf hem toestemming om te sterven.

Terwijl het leven van ons geliefde kind wegebde, herinnerde ik mij een gedicht van Jan de Hartog:

"Sterven is als het vertrekken van een schip.
Bij zonsopgang ontvouwt ze haar zeilen
en koerst naar de einder.
Als het schip aan de horizon verdwijnt,
blijft iedereen verdrietig achter.
Maar ergens, aan de andere oever,
staat een groep mensen te wachten in spanning.
En als in de verte de zeilen te zien zijn,
schreeuwt iemand vol blijdschap: "Daar komt ze!"

09.30 uur: de dokter en verpleegkundige liepen naar de monitor bij het bed. "Tijdstip van overlijden: 09.30 uur," zei de verpleegkundige, waarop de arts de beademingsmachine uitzette.

Vanwege die machine hadden we niet eens gemerkt dat hij was heengegaan. De ziel van onze geliefde Na'il was opgestegen naar de hemel, verwelkomd in de wachtende armen van onze Hemelse Vader en van hen die ons waren voorgegaan.

Hij was nu bevrijd van zijn gebroken, kwetsbare lichaam dat hij in bed had achter gelaten. We probeerden hem ons voor te stellen: lachend en rennend en pratend! Toen keken we naar het stille, witte figuurtje in het bed en huilden.

Aan de ene kant vond ik het jammer voor Samiera dat ze er niet bij had kunnen zijn, maar aan de andere kant was ik er dankbaar voor. Ik wist dat ik me anders verplicht had gevoeld om haar te steunen en troosten en dan zou ik deze kostbare tijd met Na'il gemist hebben. Wim en ik hadden samen afscheid kunnen nemen en konden nu samen over ons kind huilen.

Het was een voorrecht om de verpleegster te mogen helpen Na'ils lijfje nog eenmaal te wassen. Ik vroeg haar hoe Na'il vervoerd zou worden naar de begraafplaats. "Meestal nemen de ouders hun kind gewoon mee in hun eigen auto," zei ze. Ik was geschokt! Voor ons westerlingen is zoiets heel moeilijk voor te stellen.
Na een laatste kus werd de zak waarin Na'il lag dichtgeritst en kon ik ons 17 kilo zware kereltje nooit meer zien of knuffelen of kusjes geven. Hij was overleden op zijn lievelingsafdeling - kinderchirurgie!

Direct na de bevestiging van Na'ils overlijden werden de administratieve raderen van de begrafenis in werking gezet. In Israël moet men binnen 24 uur begraven worden en voor Machmoed werd het een race tegen de klok. We waren dankbaar dat wij niets hoefden te regelen en vroegen aan een oom van Na'il of hij per ambulance vervoerd zou worden. Hij schrok ervan. "Kunnen we hem niet in de auto meenemen?"
Ik realiseerde me toen dat hij aan de kosten dacht die vervoer per ambulance met zich mee zou brengen.

Machmoed had geen idee wanneer de begrafenis zou plaatsvinden. "Ik ben bang dat je de weg over het Tempelplein nooit zult kunnen vinden," zei hij tegen Wim.
Omdat vrouwen geen moslim begrafenissen bij mogen wonen besloten we dat Wim niet eens zou proberen om er wel bij te kunnen zijn.
Een ziekenbroeder bracht Na'il naar het mortuarium. Ik keek de zak na waarin het lichaam van ons kostbare jongetje lag, tot de deur achter hen dicht viel. We namen afscheid van de geweldige staf van de afdeling. De hoofdverpleegkundige gaf me een stevige omhelzing en wenste me heel veel sterkte.

Uitgeput, ontzettend verdrietig en half in shock vanwege het plotselinge overlijden, liepen Wim en ik terug naar de auto op het parkeerterrein.
Rond het middaguur kwamen we thuis met een wandelwagen, tassen, maar zonder kind.

Na'ils school en onze maatschappelijk werkster hadden we al gebeld toen we nog in het ziekenhuis waren. Toen ik Ilanot belde was er net een open dag aan de gang waarin buurtbewoners uitgenodigd waren om een kijkje in de school te nemen. Terwijl er in de grote hal plezier gemaakt werd, stond een kleine groep schoolstaf in de kamer van het hoofd te huilen vanwege het verdrietige nieuws. Ze besloten het stil te houden tot het programma afgelopen was. Iedereen die het nieuws hoorde reageerde ontzet en geschrokken – ze konden niet geloven dat Na'il er niet meer was.

Terwijl ik wat probeerde te slapen, belde Wim onze familie in Nederland en onze buren. De vorige avond, nadat Wim ons in het ziekenhuis had afgezet, had hij e-mails verzonden naar onze wereldwijde vrienden, waarin hij voorbede vroeg voor onze kleine jongen. Nu moest hij het verdrietige nieuws van zijn overlijden meedelen. Bijna meteen begonnen de geschokte reacties binnen te komen. Het stroompje werd al snel een waterval van bemoediging, troost en liefde.

De maatschappelijk werkster was erbij toen we Nadia het nieuws vertelden dat haar broertje was overleden en nu in de hemel was. Ze barste in tranen uit en snifte een paar minuten later: "Mag ik zijn kamer hebben?"
Ik hoorde een auto stoppen bij het huis en keek naar de klok: 15.30 uur – de tijd dat Na'il altijd werd thuisgebracht. Zijn chauffeur en bijrijder kwamen snel even naar binnen om ons een omhelzing te geven en met ons mee te huilen. Nooit meer zouden we de toeter van het busje horen die Na'ils thuiskomst aankondigde.

Om 16.00 uur belde Machmoed met het nieuws dat Na'il begraven was in het familiegraf achter de tempelberg, tegenover de Olijfberg. Wim keek naar onze kalender – er stond een foto op van hetzelfde gebied. Met toenemende verbazing luisterde ik naar Machmoeds verslag van de begrafenis. Hij had papieren van het ministerie van Gezondheid gekregen, waarna het ziekenhuis Na'il aan zijn vader overdroeg. Met het lichaam in de achterbak van de auto reed hij eerst naar zijn huis zodat de vrouwen hem nog een keer konden zien.

Toen raceten de mannen naar de Oude Stad, om op tijd te zijn voor het middaggebed in de El Aksa moskee. Na de ceremoniële reiniging, dat afschuwelijk moet zijn geweest vanwege de manier waarop Na'il er uit zag na de operatie, kwamen de mannen bijeen voor gebed. Toen de aanwezigen hoorden dat Na'il gehandicapt was geweest, veranderde de atmosfeer. Moslims geloven namelijk dat een gehandicapte een 'reine ziel' heeft, zonder zonde. Dus, redeneerden ze, was Na'il een engel. En engelen moeten zo snel mogelijk in de hemel komen, dus is het zaak om snel begraven te worden. Terwijl ze het lichaam van Na'il boven hun hoofden droegen, liepen de mannen niet op een eerbiedige wijze naar het graf, nee, ze RENDEN! Het was een grote eer om een engel te dragen en de mannen vochten om hem te kunnen aanraken. Machmoed werd opzij geschoven en moest achter de menigte aanrennen. Bij het familiegraf was het opnieuw een geduw van jewelste; nu vochten de mannen om de eer hem te mogen begraven. Machmoed mocht zelfs niet eens zijn eigen zoon begraven – die eer was zijn vader en een andere man toebedeelt.

Wat waren we dankbaar dat Wim er niet bij was geweest. Machmoed beloofde ons ooit naar de begraafplaats te brengen. We zouden het graf zelf nooit kunnen vinden – alles was in het Arabisch geschreven.

"Is het echt waar dat Moslims geloven dat gehandicapte kinderen zodra ze gestorven zijn, engelen zijn geworden?" vroeg Wim aan Mohammed, een werkcontact.

Mohammed beaamde dit.

"Maar waarom zien ze dan de geboorte van een gehandicapt kind als een vloek van Allah?" wilde Wim weten.

Mohammed kon daar geen antwoord op geven.

Als Christenen geloven we dat, toen Na'ils hart ophield met kloppen, zijn ziel naar de hemel ging, in de armen van onze Hemelse Vader. Het omhulsel van zijn misvormde lichaam zou uiteindelijk tot stof vergaan. Niet alleen Christenen geloven in de komst van de Messias, ook de Joden geloven dat Hij Jeruzalem zal binnenkomen via de Gouden Poort, tegenover de Olijfberg. Dat is de reden waarom er een moslimkerkhof voor die poort ligt. Moslims weten dat een religieuze Jood nooit een moslim begraafplaats zal betreden. Maar.... er staat hen een verrassing te wachten als de Messias terugkeert op de Olijfberg. Onze geliefde Na'il heeft het voorrecht dat vanaf de eerste rang mee te maken!

Ondanks het feit dat we niet Joods zijn, besloten we om toch de zevendaagse rouw periode, de *Sjiva* te houden. Voor Joden begint dit direct na de begrafenis.

Die middag had ik geen energie om te koken en Wims werk zegende ons door een ovenschotel te laten brengen. Van collega's kregen we ook een pot met geurende hyacinten en een prachtige kaart, waarvan ik het motto overnam:

"Verdriet om een verlies; dankbaarheid om een leven!"

Samen met onze beste vrienden (die familie van ons waren geworden) huilden en rouwden we om het verlies van onze kostbare kereltje. Meer e-mails kwamen binnen en de telefoon hield maar niet op met rinkelen. Omdat mijn Hebreeuws beter was dan dat van Wim, moest ik het hele verhaal iedere keer opnieuw vertellen.
Terwijl ik Na'ils kamer een beetje opruimde, kon ik me niet voorstellen dat hij niet terug zou komen. Nooit meer.

Die avond rolden we uitgeput in bed.
Rond 03.00 uur werd ik wakker. Langzaamaan begon de waarheid tot mijn slaperige brein door te dringen. Overweldigd door verdriet en het grote gemis werd mijn kussen drijfnat van de tranen.
Daar lag ik dan – wachtend tot het morgen werd.

20

Sjiva zegeningen

Donderdag 5 februari – tweede dag van de *Sjiva*

Nadia's afspraak bij de psychiater kon niet worden uitgesteld. Ze had heel hard professionele hulp nodig, helemaal na deze traumatische gebeurtenis.
Wim bracht ons naar Oost-Jeruzalem en daar zaten we dan bij dezelfde dokter die Na'il behandeld had. Terwijl de tranen over mijn wangen stroomden vertelde ik haar wat er gebeurd was.

"Als je ooit wilt praten over Na'il," zei de lieve dokter voordat we vertrokken, "kan je altijd een afspraak maken!"

Op het kantoor van de ICAJ verzamelde Wim alles wat hij nodig had om de verzending van de Ambassade nieuwsbrief vanuit huis te doen. Een van zijn collega's zag me in de auto zitten. "Weet je wat ik moest denken," zei ze terwijl ze haar tranen wegveegde. "Na'il maakte een 'eindeloze' *Time Elevator* mee - hij ging rechtstreeks de hemel in!"
Ik moest er om lachen en huilen.

"Kan ik alsjeblieft even langskomen?" sms'te Mirjam.
We begonnen het belang van de *Sjiva* te zien. Het zou goed zijn, niet alleen voor ons, maar ook voor de mensen die Na'il gekend hadden.
Ik dacht dat de tandartssecretaresse belde omdat ze gehoord had wat er gebeurd was, maar ze wilde alleen maar een afspraak verzetten en was geschokt toen ik het haar vertelde. Even later belde professor Becker zelf om zijn diepe medeleven te betuigen met ons verlies.
Diezelfde morgen belde de tandartsafdeling van het Hadassa ziekenhuis: "Kunnen we jullie komen bezoeken?"
Zehava, onze buurvrouw, legde uit hoe het tijdens een *Sjiva* toeging, wat de regels waren en wat er verwacht werd van familie en bezoekers. We besloten om van 10.00 tot 19.00 uur open huis te houden.

Nadat mijn zus Inge het mijn 88 jarige moeder persoonlijk verteld had dat Na'il was overleden, huilden we samen door de telefoon. Ook al had mijn moeder hem na haar vertrek niet meer gezien, hij was altijd *Savta's* bijzondere jongetje gebleven.

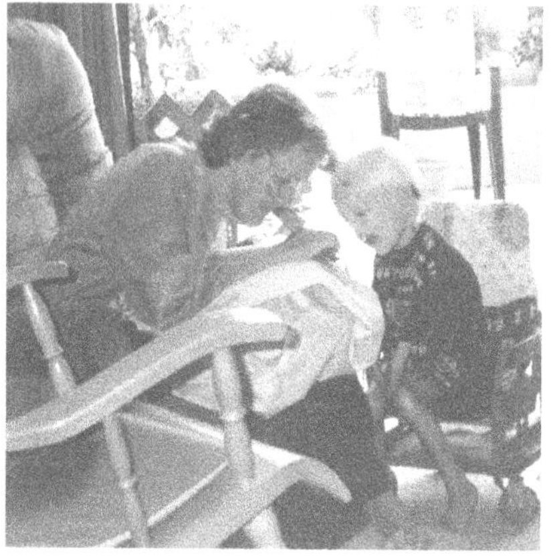

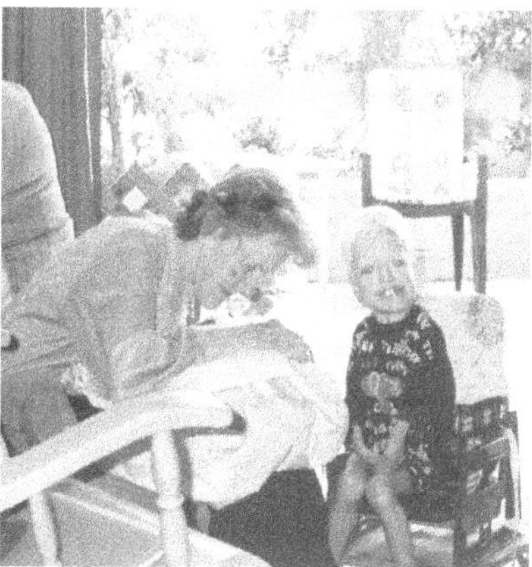

Ik maakte me zorgen over mijn moeder en wilde maar dat ze bij ons was, zodat ze de uitstorting van liefde en troost die we ontvingen kon delen. En op haar beurt maakte mijn moeder zich natuurlijk zorgen om mij, hoe ik deze slag te boven zou komen.

Bezoekers kwamen niet binnen met het gebruikelijke: *"Sjalom"*, maar met "Het spijt me vreselijk!" Het eerste dat ze altijd deden was een foto album pakken. Niemand wilde iets eten of drinken, alleen maar zitten en met ons praten over een bijzonder kind. We werden geraakt door de herinneringen die we mochten delen en ontroerd en onder de indruk van de bijzondere manier waarop 'ons' kind zo vele levens had aangeraakt in die bijna twaalf jaar dat hij bij ons gewoond had.
Overdag hadden we amper tijd om adem te halen, laat staan te koken en met grote dankbaarheid aanvaarden we opnieuw een heerlijke maaltijd van Wims werk. Ik kon geen hap door mijn keel krijgen, maar voor de rest van de familie was het een zegen.
Opnieuw volgde er een korte nacht doordat ik weer om 03.00 uur wakker schoot. Ik werd overvallen door de wetenschap dat er de volgende morgen geen kleine jongen op me wachtte die mijn hulp nodig had om naar school te gaan.

Vrijdag 6 februari, derde dag van de *Sjiva*

Zes dagen per week, meestal rond 06.30 uur, maakte ik Na'il wakker door zachtjes over zijn zachte kortgeschoren witte haren te strijken en hem op zijn wang te kussen. Nu had ik er spijt van dat ik nooit een foto gemaakt had van zijn vreemde manier van slapen.
Nadia ontwaakte met: "Na'il is dood. Mag ik nu zijn dvd's?"
God zij dank voor simpele zielen!

In een poging Na'ils kostbare herinneringen vast te leggen, die anders snel vergeten zouden kunnen worden in de drukte van het dagelijks leven, begon ik aantekeningen te maken.
Mensen vroegen me vaak wanneer ik een boek ging schrijven over ons leven in Israël. Daar had ik over nagedacht, maar ik kon (nog) niet schrijven over de hel die we met Moshiko hadden meegemaakt. Van de tien jaar dat hij bij ons woonde hadden we maar heel weinig blijde herinneringen.
Na'il aan de andere kant, was een totaal ander kind geweest. Ook al hadden we voor hem heel wat offers moeten brengen, de meeste herinneringen waren bijzonder en blij.

Mijn website werd een platform en de verhalen die ik schreef publiceerde ik op een blog getiteld: *"Celebrating a Life"* – een leven vieren.
Ik dankte de Here God voor mijn schrijftalent. Als ik dat niet gehad had, zou ik in een gigantisch gat zijn gevallen. Door Na'ils herinneringen onder woorden te brengen, kon ik op een constructieve manier bezig zijn met het grote verdriet. Daarbij kwam ook nog dat ik anderen wilde laten weten wat een bijzonder kind Na'il was geweest. Op die manier hoopte ik dat de zegen van zijn leven door zou gaan, zelfs na zijn dood.

Mensen kwamen op bezoek, ze schreven en belden ons.
Af en toe werd het me wel wat te veel, maar aan de andere kant werden we zo gezegend door de zorg, bemoediging en liefde van zo velen. Een van Wims collega's maakte een kipschotel en een chocoladetaart omdat Nadia haar verteld had dat ze daar zo van hield!

Zaterdag 7 februari, vierde dag van de *Sjiva*

Ik vroeg me af wat de Sjabbat zou brengen en zag er vreselijk tegen op.
We konden het plotselinge en onverwachte verlies nog steeds moeilijk bevatten. De kostbare herinneringen en de liefde van zovelen hield ons op de been. Het was ook een troost te weten dat Na'il nu op de best denkbare plek was – in de hemel!
Die zaterdagmorgen ging Wim opnieuw naar het zwembad, maar dit keer om ons zelfgemaakte rouwbericht op het prikbord te hangen. De vaste zwemmers schrokken toen ze het nieuws hoorden.

Het was zo vreselijk stil in huis!

"Net alsof Na'il bij zijn ouders op bezoek is," zei Wim. Doordat het heerlijk weer was stelde hij bijna voor om een eindje met Na'il te gaan wandelen.

Er was zoveel om aan te wennen. Tot die noodlottige woensdag, draaide onze zaterdagen altijd om Na'ils noden en activiteiten. Het hulpeloze kind moest geholpen worden met drinken, naar de wc gaan, dan in bad, dan een dvd kijken en dan nam Wim hem mee voor een ommetje.

Niet langer hoorden we het ongeduldige gerammel dat hij altijd met het opzetstuk van de wc maakt, zijn teken dat hij naar de wc moest. SNEL! Niet langer hoefde ik snel mijn typewerk op te slaan om vervolgens naar beneden te rennen en hem te helpen. Nu hadden we zeeën van ongestoorde tijd om te 'relaxen', te lezen of te schrijven, iets waar we altijd naar verlangd en over gedroomd hadden - en geleerd hadden zonder te doen. Het 'ooit misschien?' hield onze droom levend. Nu die dag was aangebroken wisten we niet wat we er mee aan moesten.

De stapels foto's van Na'il hielpen ons de verhalen achter de opnamen te herinneren. Er waren zo ontzettend veel kostbare herinneringen!

Niemand kwam ons die Sjabbat morgen opzoeken en we waren dankbaar voor de onverwachte rust. In de namiddag kregen we bezoek van een aantal Nederlanders. Een echtpaar werkte met gehandicapte kinderen in de buurt van Bethlehem; de andere bezoekster was een collega van Wim, die met Russische immigranten werkte.

Ik had me afgevraagd wat we met die 170 blikjes Nutrilon moesten doen die ik net gekocht had. Het antwoord kwam ons opzoeken. Het voedsel en Na'ils luiers gaven we aan onze vrienden, die het weer doorgaven aan anderen in nood.

Opnieuw stond ik er verbaasd over hoe de *Sjiva* – als steeds groter wordende kringen in een vijver – andere mensenlevens raakte. Het was zo'n geweldige zegen – voor ons en voor hen die op bezoek kwamen. Een paar dagen later hoorde ik waarom niemand ons op

Sjabbat (die voor Joden als een Koningin beschouwd wordt, waarin je je moet verheugen) kwam opzoeken. Omdat het geacht wordt een dag van vreugde te zijn, gaat men niet naar een huis in rouw.

"Sjavua tov! ~ Een goede week!" wensten we elkaar die zaterdagavond toe. Een nieuwe werkweek was begonnen.

Mijn ogen waren nog steeds rood en gezwollen, maar het huilen was minder geworden. *Is dat normaal?* vroeg ik me bezorgd af. Slapen was nog steeds een probleem, het leek erop dat 03.00 uur mijn vaste ontwaaktijd was geworden. Fysiek waren we niet moe, maar toch voelden we ons uitgeput, voornamelijk emotioneel. We wisten ons gedragen door de gebeden van vrienden wereldwijd. God was op een bijzondere manier heel dichtbij ons!
Normaal gesproken kreeg ik altijd een migraine aanval na een nacht slecht slapen. Nooit tevoren was ik gedwongen geweest zoveel te praten (in het Hebreeuws ook nog!) en mijn hersens te pijnigen om de juiste woorden te vinden. Ook dat veroorzaakte meestal een migraine. Ik had nergens last van. Nog zo'n wonder!

Zondag 8 februari, vijfde dag van de *Sjiva*

"Nu kunnen we eindelijk een keertje een weekend weg," zei Wim. "En samen met de meisjes naar Holland voor een vakantie."
Het liefst was ik weggerend en had me willen verstoppen. Dat was wel het laatste waar ik aan wilde denken! Ik was bezig te overleven en was nog lang niet klaar om te denken aan de mogelijkheden die we plotseling hadden.

Het leek wel alsof er een dam was opengebroken! Die zondag kregen we de ene golf bezoekers na de andere. Leraren en leiding van zowel de Ilanot als de *Ma'ayan* school kwamen op bezoek. We kregen van Ilanot een cd met foto's. In de grote hal van de school hadden ze een groot bord gezet met tekeningen en briefjes van de leerlingen. Er hing ook een foto van Na'il, met op een tafeltje een brandende herinneringskaars. Ik kreeg er tranen van in mijn ogen toen ik het zag.

Daar ging de telefoon weer. "*Sjalom*, met Petra."

"Ik wil alleen maar even weten of jullie in orde zijn."

"Ja hoor, het gaat wel. Bedankt." Ik ging weer terug naar de visite en vertelde hen weer over ons bijzondere kind. Mijn stem was helemaal hees van al dat praten in het Hebreeuws en we hadden amper tijd om te eten, laat staan wat te drinken.

Ik was blij toen het 19.00 uur was. Na een korte wandeling door de wijk verlangde ik naar mijn bed en inwendig kreunde ik toen ik Wim met iemand uit de buurt zag praten, die nu pas gehoord had dat Na'il was overleden. Met trillende benen van moeheid, klemde ik de tanden op elkaar en nam de tijd om met haar te praten.

Eindelijk konden we naar boven. Ik liet me op bed vallen en bad om kracht, want ik vroeg me werkelijk af of ik nog zo'n dag zou overleven.

Maandag 9 februari, zesde dag van de *Sjiva*

God wist wat we aankonden. Die dag kregen we nog wel bezoekers, maar de mensen kwamen gelukkig in groepjes van twee, achter elkaar en niet allemaal te gelijk. We bleven vertellen en praten over Na'il, vaak aan de hand van de foto's.

"De eerste drie dagen van de *Sjiva* zijn gevuld met het diepste verdriet," legde een religieuze buurman uit. "Die breng je meestal met de dichtstbijzijnde familie door. Op de vierde dag is het verdriet er natuurlijk nog wel, het gemis ook, maar dan wordt het huilen minder."

Ik was opgelucht toen ik dat hoorde. Mijn manier van rouwen was dus helemaal niet vreemd.

Een ander Nederlands echtpaar kwam ons opzoeken en vertelde ons dat ze moesten verhuizen. Wij konden hen aan een andere woning helpen – weer een bewijs van hoe de *Sjiva* aan twee kanten werkt.

Als we geen bezoek hadden, was Wim druk in de weer met het versturen en beantwoorden van e-mails. Ik werkte aan Na'ils blog en schreef verhalen. Het maakte een heleboel ideeën bij mij los. Een Amerikaanse vriendin vroeg mij een verhaal over Na'il op haar blog te plaatsen. "Een prachtige jongen" kreeg heel wat bemoedigende reacties. Opeens wist ik hoe ik de *shlosjiem,* de 30 dagen van rouw door zou brengen: over Na'il schrijven.

Er zat wel een prijskaartje aan, want als ik dat mijn onverdeelde aandacht en energie zou willen geven, moest ik mijn nieuwe roman in de wachtkamer zetten.
Ons leven was drastisch veranderd. Ik was me er van bewust dat ik mezelf 'genadig' moest zijn. Ik had tijd nodig om door dit verdriet heen te werken en moest mezelf dwingen niet op zoek te gaan naar andere 'missies'. *Nog maar een dag!* Ik voelde me uitgeput en wilde dat het voorbij was.

Dinsdag 10 februari, zevende dag van de *Sjiva*

Is het pas een week geleden dat Na'il nog leefde? Het was bijna niet te begrijpen, te geloven. De rauwe waarheid loog niet: zijn lege kamer, de rolstoel, ongebruikt in een hoek; zijn commode waar nu allemaal fotoalbums op lagen. Een open paraplu op bed – als Na'il geleefd had, was dat ding binnen vijf minuten kapot geweest.
Niet langer hoefden we de medicijnkast op slot te doen – die deur controleerde hij altijd zodra hij wakker was. Als ik vergeten was de deur op slot te doen, dan gluurde hij altijd in de la met injectiespuiten, kijken of hij er eentje kon bietsen.
"Oh, jij ondeugd!" Snel sloot ik dan de kastdeur af.
Met ondeugende pretogen schaterde hij dan van het lachen, alsof hij zeggen wilde: "Had ik jou eventjes mooi tuk, mama!"

Voor de laatste keer stak ik de herinneringskaars naast Na'ils foto op het dressoir aan, blij dat de *Sjiva* bijna voorbij was.

Wim en ik lieten de week die achter ons lag de revue passeren. Hier zaten we dan: een christelijk echtpaar, die een Joodse *Sjiva* hield voor een Moslim jongetje – ons gezin in de notendop. Deze week was zo'n zegen voor ons geweest: de uitstorting van liefde, troost en bemoediging van zo vele vrienden en bekenden was overweldigend geweest. Het had ons werkelijk geholpen een begin te maken met het verwerken van ons verdriet.
Aan den lijve hadden we de wijsheid van dit Joodse ritueel ervaren. Je leest erover in het boek Job, het verhaal van zijn zogenaamde vrienden die bij hem op bezoek kwamen om hem te 'troosten'. Dat was nog eens een voorbeeld van hoe het NIET moest!

Er was zoveel om dankbaar voor te zijn. Het waren werkelijk zeven bijzondere en gezegende dagen geweest.
En nu, met minder intens verdriet, maar dat desondanks nog steeds aanwezig was, was de tijd aangebroken om door te gaan met het normale leven.

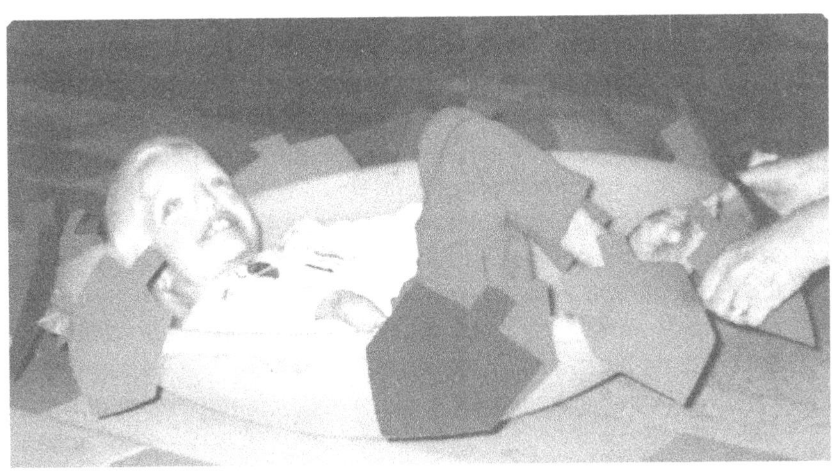

21

De Kleine Prins

Dertig dagen na de begrafenis houden Joden de zogenaamde *Shjloshjiem* – een speciale ceremonie. Meestal ontmoet de familie elkaar dan bij het graf voor de onthulling van de grafsteen, ze zeggen *Kaddiesj*, het gebed voor de doden, en herdenken de overledene.
We vroegen aan Noa, het hoofd van Ilanot, of we op school een herdenkingsdienst mochten houden. Deze vond plaats op zondag 15 maart. Het werd een ontroerende en heel bijzondere bijeenkomst.

Het plotselinge overlijden van Na'il had zijn klasgenoten heel erg aangegrepen. Omdat ze er nu pas een beetje overheen begonnen te komen leek het de staf beter dat zij geen deel zouden hebben aan de herdenkingsdienst zelf. In de klas las Ronit, de lerares, voor uit een boekje dat door de kinderen was samengesteld. Deze heel ernstig gehandicapte kinderen uitten op hun eigen, speciale manier, hun verdriet om het verlies van hun vriendje.

Ronit schreef haar eigen verhaal in het Hebreeuws. Dit is de vertaling:

> *"Na'il – ik herinner mij de eerste keer dat ik je ontmoette, nu anderhalf jaar geleden. Dat was op de eerste dag van het nieuwe schooljaar. Ik schrok van je en was bezorgd hoe het zou gaan. Maar ik nam de beslissing jouw juf te zijn en van je te houden. Al heel snel leerde ik je kennen, wie je was, met je bijzondere charme, en begon echt van je te houden. Het was een echte uitdaging om jou iets te leren – je ging steeds vooruit, en ik wist nooit van tevoren wat het volgende onderwerp zou zijn dat je kon leren begrijpen. Jij bracht vreugde in de klas en ondeugd en plezier en je verraste ons altijd met je creativiteit. Op school vond je dingen die je blij maakten, dingen waar je van hield. Zoals een rollator, de grote schotel, een elektrische tandenborstel, zelfs het 'eten' van joysticks! Je vond verbazingwekkende wegen om te komen waar je heen wilde en te krijgen wat je hebben wilde en dat allemaal op een bijzondere*

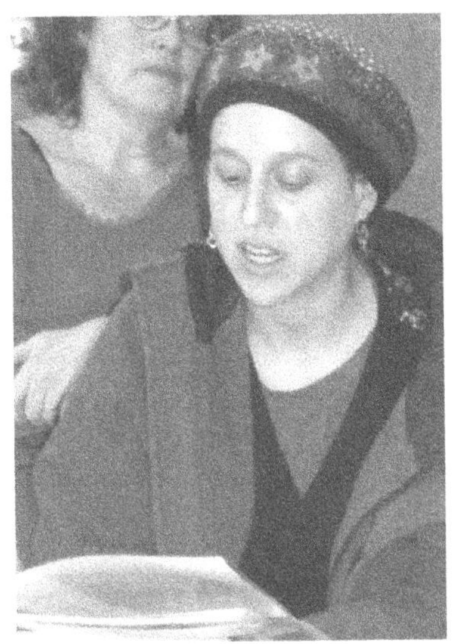

נאיל-

אני זוכרת את הפעם הראשונה שפגשתי אותך לפני כשנה וחצי.

זה היה ביום הראשון של שנת הלימודים.

בהתחלה, קצת חששתי ונרתעתי ממך.

תהיתי לעצמי כיצד אוכל להיות המורה שלך ולאהוב אותך.

אך, מהר מאוד למדתי להכיר את האדם שבך, את החן המיוחד שלך

[illegible] אותך.

זה היה מאוד [illegible]

פעם לא ידענו לצפות מה עוד תצליח [illegible]

[illegible] לכיתה שמחה ממעשי השובבות שלך ומההנאות שלך ותמיד

הפתעת אותנו ביצירתיות שלך

[illegible] דברים מעניינים בבית הספר שמהם אפשר להנות ו"לעשות

[illegible]". כמו: ההליכון, הצלחת, מברשת השיניים החשמלית, המנוף

ואפילו אגילת הג'ויסטיקים.

ידעת לנהל בצורה מדהימה את עצמך ולהגיע ליעד שאתה [illegible]

בדרכים מיוחדות ויצירתיות.

קשה להאמין שאתה כבר לא איתנו כי אתה היית ילד של חיים, מלא

אקטיביות וחיוניות.

אוהבת ומתגעגעת

[illegible]

en creatieve manier. Het is zo moeilijk voor te stellen dat je niet langer bij ons bent, want je was een kind vol van leven, vol van actie en vitaliteit. Ik hou van je en ik mis je! Ronit, jouw juf tijdens het laatste jaar van je leven op de Ilanot School.''

Wim en ik veegden de tranen uit onze ogen en gaven deze bijzondere vrouw een stevige omhelzing.

Het zaaltje in de kelder was stampvol met stafleden en een aantal oudere kinderen. Noa begon met het lezen van een stukje uit de Hebreeuwse versie van *"De Kleine Prins"*, geschreven door Antoine de Saint-Exupéry. Toen ik later de Engelse versie op het internet las, waardeerde ik het stukje nog meer. Noa moest vaak pauzeren en haar tranen inslikken voordat ze verder kon gaan. Zij eindigde haar toespraak met:

"Ook jij, Na'il, was in zekere zin een kleine prins. In de korte tijd dat je bij ons was leerde jij ons zovele dingen. Je leerde ons heel veel van jou te houden, je leerde ons zoveel over de wil om iets te bereiken.

Je had vaak zoveel vreugde. Je liet ons zien wat blijdschap was en dat dit zelfs in de kleinste dingen gevonden kon worden, iets waar wij volwassenen niet altijd in slagen om aan te denken of te doen. Je vond manieren om ons te vertellen wat en precies op welke manier jij iets wilde en je ging net zolang door totdat we begrepen wat dat was. Dan beloonde je ons met een prachtige triomfantelijke glimlach! Je toonde ons, Na'il, dat er in dat kleine lijfje van jou een kleine prins woonde met een groot hart, met enorm veel levensvreugde en liefde.

In de anderhalf jaar dat je bij ons was zagen we je groeien en ontwikkelen; je leerde en deed vele nieuwe dingen, leerde anderen kennen en van hen te houden; maar ook naar de staf te luisteren die met veel liefde met je werkte. Je had een bijzondere relatie met Ronit, Sylvia en in het bijzonder met Lena, die zoveel van je hield! En je bleef de nieuwsgierige en ondeugende Na'il die alles wilde onderzoeken en ontdekken. Op school bracht je kleur en leven in de brouwerij. Opnieuw leerden we Wim en Petra beter kennen. Hun grote hart en liefde gaven jou het leven en veel blijde jaren en liefde zonder ophouden. Zij gaven jou het best mogelijke leven. En nu, moeten we dat allemaal missen....

Het is nu alweer een maand Na'il, dat er niemand door de schoolgangen racet in zijn gele karretje. Alweer een maand dat er niemand in je groene zitzak ligt. Alweer een maand moeten we het zonder jouw glorieuze glimlach doen. Een maand dat we je nieuwsgierigheid, ondeugd en levensvreugde moeten missen.

's Nachts, dan moet ik soms aan je denken en als ik dan naar de sterren kijk, dan moet ik lachen, omdat ik weet dat daarboven, jij op je eigen ster zit, degene waar jij inmiddels tijd voor hebt gehad om die te onderzoeken. Ik ben er zeker van dat die ster vol zit met kapotte paraplu's en rubber dat je kapot geknaagd heb, en dat er een heleboel schommels op je wachten. Of een gigantisch pretpark, waar je de hele dag kunt doen wat je wilt en waar je van houdt. Je hebt het daar goed, want daar ben je blij en lach je de hele tijd. En alsjeblieft, stuur ons een van je glorieuze glimlachen, dan voelen we ons niet zo vreselijk verdrietig....

Dan zal ik niet zo verdrietig zijn Na'il, als je net, zoals de kleine

prins zegt: "als je 's nachts naar de lucht kijkt zal het zijn alsof alle sterren lachen.. En als je uit je raam naar de hemel kijkt zullen je vrienden verbaasd zijn als jij opeens begint te lachen. Dan zal je tegen hen zeggen: Ja, de sterren maken me altijd aan het lachen!'
Ik hield van je Na'il, en mis je, mijn kleine prins!" Noa.

Er waren niet veel droge ogen na deze ontroerende uiting van liefde voor onze kleine jongen. Een andere lerares had een prachtige film-en diapresentatie gemaakt waarin Na'ils liefde en levensvreugd duidelijk naar voren kwamen. Zijn lach kon zo glorieus zijn! O, wat miste ik mijn kleine manneke!
Meer toespraken volgden: een assistente van de lerares sprak haar waardering en liefde voor Na'il uit; één van de kinderen zei dat hij hoopte dat het door hem geschreven gedicht ons zou troosten als we verdrietig waren. De meeste van de aanwezige kinderen waren spastisch en spraken met grote moeite, maar deden hun uiterste best om te zeggen wat er in hun hart leefde. Het was zo kostbaar!

Uiteraard werd er van ons verwacht dat we ook iets zouden zeggen. We uitten onze dankbaarheid aan de aanwezige staf:

"Jullie zijn zo bijzonder!" begon ik. "Het werk dat jullie doen in de levens van deze kinderen, is geweldig. Jullie toewijding en liefde voor deze ernstig gehandicapte kinderen kan niet in woorden worden uitgedrukt." Ik keek naar de mensen om me heen waar ik van was gaan houden en die ik zo enorm waardeerde. "Dank jullie wel voor het voorrecht dat we hadden deel te mogen zijn van het team; met elkaar hebben we gewerkt om Na'il het best mogelijke leven te geven."

Bomen zijn voor het Joodse volk een symbool van het leven. Rond de tijd van Na'ils overlijden werd *TuBeSjvat,* het nieuwe jaar van de bomen, gevierd. In de tuin bij de school plantte een leraar vijf bomen ter nagedachtenis aan Na'il.

Toen we naar huis reden, mijmerden Wim en ik over het feit dat we zo gezegend waren door de liefde en warmte van de Israëli's. Zij schaamden zich er niet voor hun tranen met ons te delen, of hun verdriet te tonen om het verlies van een kostbare kind dat zo'n indruk had achter gelaten op de mensen om hem heen.

Na'il was zo'n voorbeeld geweest voor ons 'gezonde' mensen en iedereen miste hem heel erg. Zijn nagedachtenis was zo gezegend en die schat kon niemand van ons afnemen!

22

Rust vinden in God

Na'ils gezegende nagedachtenis bleef deel uitmaken van onze nieuwe leven. Het voelde nog steeds vreemd aan.
Nadia's wens werd vervuld en ze was heel blij met haar kleinere kamer die van Na'il was geweest. Onze vrijgekomen 'gastenkamer' was al gauw bezet met vrienden die kwamen logeren.

Na het lezen van een boekje *"Good Grief"* – goed verdriet, waarin gesproken wordt over de tien stadia van verdriet, wist ik dat ik 'genadig' voor mezelf moest zijn. Helemaal doordat ik me snel overweldigd voelde door ogenschijnlijke onnozele situaties. Ik moest leren mijn zorgen en mijn: Wat nu, Heer? te laten voor wat ze waren en te rusten aan de boezem van mijn Hemelse Vader. Het was niet gemakkelijk, maar een belangrijk onderdeel van het rouwproces.

Vlak voordat Na'il overleed stond ik aan de rand van een nieuwe burn-out en de emotionele aardbeving die zijn dood veroorzaakt had, had de zaak alleen maar verergerd. Ik had wat extra 'time-out' nodig.
Gods Woord moedigde me aan te komen zoals ik was, moe en beladen, en beloofde dat de Here dan rust zou geven. Als ik Zijn juk op nam (en niet wat ik er nog bovenop gooide), beloofde Hij dat ik rust voor mijn ziel zou vinden.

"...daar God met het oog op ons iets beters voorzien had..." staat er in Hebreeën 11:40. Ik wist dat de Here God, op zijn tijd, ons de plannen zou tonen die Hij voor ons had.
Onze meisjes hadden onze hulp nog steeds nodig en er zat niets anders op dan door te blijven rennen op het zware parcours. Het meeste werk vond achter de schermen plaats, zonder applaus, maar we waren vastbesloten om door te gaan, tot de eindsprint!
"Maar ik maak mij nergens zorgen over, en ook acht ik mijn leven niet kostbaar voor mijzelf, opdat ik mijn loop met blijdschap mag volbrengen, evenals de bediening die ik van de Here Jezus ontvangen heb...." Handelingen 20:24.

Opeens had ik tijd om andere dingen te doen en meer tijd om te schrijven. Tijdens het schrijven van dit boek waren er momenten dat de losgemaakte emoties me teveel werden. Het was niet eenvoudig om terug te gaan in de tijd, om de ellende opnieuw te moeten doorleven (dankzij onze nieuwsbrieven kon ik nagaan wat er allemaal gebeurd was). Wat hadden we een boel moeilijke dingen meegemaakt! Het was doodvermoeiend om aan die tijd terug te denken en ik vroeg me vaak af hoe het mogelijk was dat we die eindeloze uitdagingen, problemen en crises overleefd hadden.
Maar door dit alles heen zagen we zo duidelijk Gods leidende hand, Zijn genade en kracht. Ik moest toegeven dat problemen altijd gelegenheden waren om te groeien. Toen ik mijn gevoelens, frustraties en emoties aan het papier toevertrouwde, en ook de pijn en het verlangen naar Na'il, merkte ik dat het me werkelijk hielp mijn verdriet te verwerken.

Wim en ik voelden ons bevoorrecht deel uit te mogen maken van de Israëlische gemeenschap, waar ruimte wordt gegeven om te rouwen. Een paar weken naar Na'ils overlijden ontmoette ik een paar mensen die niet vreemd opkeken toen ik in huilen uitbarstte zodra ik over Na'il begon te vertellen. Ze voelden zich niet opgelaten, en ook deden ze geen poging om zo snel mogelijk weg te komen omdat ze niet wisten hoe ze daar op moesten reageren. In plaats daarvan luisterden ze meelevend, ze voelden de pijn in mijn hart. Soms gaven ze me bij het afscheid een stevige omarming. In Israël is rouwen een deel van het leven; dat leg je niet het zwijgen op, noch negeer je het. Rouwen doe je niet in de binnenkamer – dat doe je met elkaar! De Westerse wereld kan nog heel wat leren van het Joodse volk!

Onze God is een God van troost. Hij werkt vaak door mensen die begrijpen hoe je je voelt, waar je door heen bent gegaan, of waar je mee worstelt. Zij weten waar je over praat, omdat ze ook door het rouwproces zijn heengegaan, en er sterker uit voort gekomen zijn.

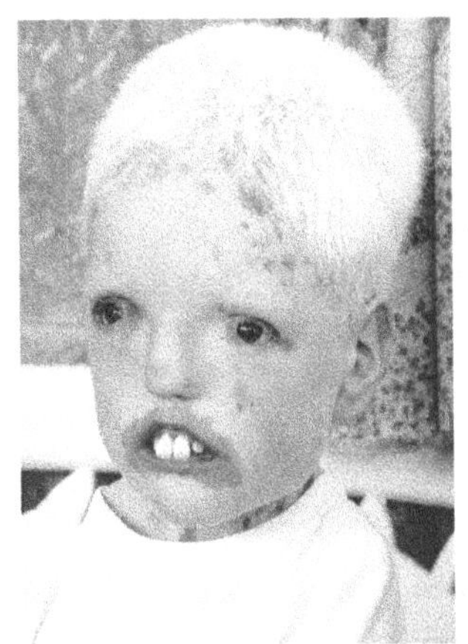

Na'il hoefde niets te doen
om onze liefde te 'verdienen',
we hielden van hem zoals hij was.
Hij was door God aan ons gegeven
en niet kostbaar
vanwege de dingen die hij deed,
maar een kostbaar mensenkind,
in Gods (en onze) ogen.
De waarde van zijn persoon
werd niet gemeten aan de hand van
wat hij kon bijdragen aan de maatschappij;
in de ogen van de wereld
was hij een 'financiële last'.
In een wereld die geobsedeerd is
door productiviteit en kracht,
vol met mensen die neerkijken op zwakheid
en spotten met mismaaktheid,
gebruikte God Na'il als een voorbeeld.
Hij was de echo
van Gods eeuwige liefde voor ons.
En bijna twaalf jaar lang
hadden wij het voorrecht
om voor hem te mogen zorgen!

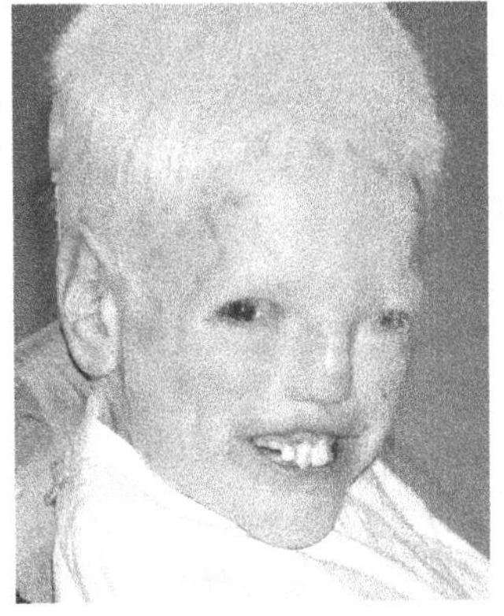

De belangrijke reis van verdriet

"Als je recentelijk een crisis hebt doorgemaakt,
een traumatische ervaring
of een enorm verlies hebt geleden,
wees jezelf dan 'genadig';
gun jezelf de tijd om de pijn te verwerken,
en geef God de gelegenheid
om je evenwicht te herstellen."
Pam Vredeveld

Wijze woorden, maar o zo moeilijk om die toe te passen!
Er staat niet in Gods woord dat we geen verdriet mogen hebben, maar er staat wel dat we niet moeten rouwen als hen die geen hoop hebben. Vanuit de Bijbel weten we dat de dood niet het einde is. Dat geeft troost, maar desondanks moesten we wel onze eigen, unieke, persoonlijke weg van het verdriet afleggen.

Diep in mijn hart was het een warboel van heftige, uitputtende en vaak onverwachte emoties. Er was angst, pijn, verlies, leed, apathie, verwarring, zorgen, treurigheid, vrees, hulpeloosheid, teleurstelling, depressie, verbijstering en gebrek aan controle.
De intensiteit van die voortdurend veranderende emoties maakte dat ik me gedesoriënteerd voelde, ik werd vergeetachtig en voelde me constant overweldigd. Soms schaamde ik me voor mijn 'rare' reacties op ogenschijnlijk normale situaties.
Die op en neer golvende emoties zorgden ervoor dat mijn leven een achtbaan leek. Als de zaak uit de hand dreigde te lopen, klampte ik me vast aan welk handvat er maar ook binnen mijn handbereik lag. De drang om controle te willen houden maakte me doodmoe en boorde al mijn reserves aan.

"Schuil, (rust) bij God!" die woorden bleven maar terugkomen.
Dat vond ik moeilijk, omdat ik nog steeds met gevoelens van onrust worstelde. Ik was uitgeput van die achttien jaar non-stop zorgdragen voor meervoudig gehandicapte kinderen en de ene crisis na de andere die ik het hoofd had moeten bieden.

Ik voelde me als een strak aangespannen snaar die op springen stond. Ik snakte naar innerlijke rust en vrede.

"Leed (verdriet) vertekent onze perceptie
en vraagt een enorme hoeveelheid emotionele energie.
Er blijft niet veel meer over dan pure overlevingsdrang."
Pam Vredeveld

Voor mij was dat heel erg moeilijk, omdat ik het altijd nodig vond om 'productief' bezig te moeten zijn. *Streams in the Desert* gaf me een handvat om vast te grijpen:

"God vraagt ons te wachten voordat we verder gaan.
We moeten eerst helemaal hersteld zijn van onze laatste missie
voordat we aan de volgende fase van onze reis en werk beginnen."

Ik had last van diarree, wat veroorzaakt werd door mijn zorgen over de toekomst. Samen met de heftige emoties die het grote verdriet hadden losgemaakt, zorgde dit er voor dat mijn stress en ongemak alleen maar toenam.
Op een dag las ik dat stress en trauma invloed hebben op het serotine niveau in het epitheel dat aan de binnenkant zit van ons maagdarmkanaal en dat heeft op zijn beurt weer invloed op het immuun systeem. Geen wonder dat ik niet van die hardnekkige verkoudheid en hoest af kon komen! Begrijpen waarom ik last had van die vreemde symptomen, nam mijn angst weg en na verloop van tijd hield de diarree ook weer op.
Tijdens de *Sjiva* had ik aan den lijve ervaren dat tranen Gods helende balsem waren. Degenen die Na'il niet gekend hadden kon ik nu met droge ogen over hem vertellen. Voor mensen die hem wel gekend hadden, veranderde ik opeens in een huilebalk.

Het leek wel alsof ik in een tijdloze ruimte hing, waarbij de uren en dagen in *slow motion* voorbij gingen. Later begreep ik dat dit kwam omdat mijn zintuigen tijdelijk verdoofd waren, zodat ik mijn verlies geleidelijk aan kon verwerken.

Na'ils dood deed me realiseren hoe 'klein' ik eigenlijk was, hoe fragiel het leven en 'geluk' was. Het had me van binnen aan flarden gescheurd. Hij was zo'n groot deel van mezelf geweest en nu moest ik mijn eigen identiteit weer terug zien te vinden. Maar hoe? Ik had niet het idee dat onze levenstaak voorbij was. Moesten we opnieuw een kind in huis nemen? Daar had ik de kracht niet voor. Zouden we dan op onze lauweren moeten gaan rusten?

Wat wilt U dat we doen, Heer? bad ik.

RUST! Was het antwoord dat maar terug bleef komen.

Maar dat was niet genoeg. Ik voelde de noodzaak om iets te DOEN, iets te ZOEKEN waarmee ik mijn lange, 'lege' dagen kon vullen. Ik zag vreselijk op tegen een toekomst met een open einde. Behalve het bezig zijn met Na'ils verhaal lukte het me niet om artikelen te schrijven. De motivatie, inspiratie en vreugde om aan mijn nieuwe roman te werken ontbrak helemaal.

Ongerustheid en vrees en onrust slingerden me heen en weer – ik werd er gek van! De onverwachte wendingen van het verdriet deden me twee stappen naar voren gaan en dan weer een stap naar achteren. Ook al dacht ik ongeduldig dat het nu maar eens uit en over moest zijn, ik kon er niets aan veranderen – ik moest mijn verdriet de tijd gunnen haar weg af te leggen.

***"Zie iedere dag als een uitdaging, een test voor je moed.
De pijn zal met vlagen komen,
sommige dagen erger dan de andere, zonder aanwijsbare reden.
Accepteer die pijn.
Stukje bij beetje zal je nieuwe kracht krijgen,
een nieuwe visie, die geboren is uit die zelfde pijn en eenzaamheid,
welke eerst onmogelijk leek om verwerkt te worden."***

Deze woorden van Daphne du Maurier hielpen me de dingen in perspectief te zien.

Ook kreeg ik meer inzicht in het rouwproces door het lezen van het boek: "Een seizoen van Leed/Verdriet.) Het ging over de noodzaak om dwars door je verdriet heen te werken, en er niet omheen proberen te lopen. De donkere tunnel van verdriet binnengaan betekende dat ik op weg naar de uitgang was – hoe lang die tunnel ook zou blijken te zijn. En het licht aan het einde van die tunnel was niet het licht van een aanstormende trein – het was het licht van Gods Hoop!

Ik had niets te zeggen over de duur en momenten van mijn verdriet. Het kon me op de meest onverwachte momenten bespringen. Het ene moment zei ik dat het goed ging, het volgende moment barste ik in snikken uit. Het schijnbare gebrek aan zelfbeheersing was best eng en maakte me onzeker.

Toen kwam in juli 2009 opeens een verzoek of we bereid waren opnieuw een meervoudig gehandicapt kind op te nemen. Het gaf mij een injectie van hoop, opeens had ik iets om me aan vast te klampen, iets positiefs om te onderzoeken, te bidden, over na te denken en te dromen. Onze bediening was blijkbaar toch nog niet afgelopen!
De 23-jarige Nadia woonde nog wel thuis, maar dat was een kwestie van tijd voordat ook zij naar een gezinsvervangend tehuis overgeplaatst zou worden.
Opeens brak er licht door de verstikkende zwarte wolken ! Mijn hart voelde opeens stukken lichter. Er kwam ruimte voor andere dingen en ik kon mijn energie in productieve banen leiden, in plaats van me moe te voelen van het 'niets' doen.

"Laten we in ieder geval wachten tot begin 2010," stelde Wim wijselijk voor.
We waren nog steeds in de rouw en moesten de boel niet forceren.

Al zes maanden? Zou je niet eens verder gaan met je leven?
Pas zes maanden? Ik ben nog lang niet zo ver!

Allemaal maken we verliezen mee. En dat hoeft niet alleen het overlijden van iemand te zijn. Het kan het verlies van een baan zijn, of dat iemand anders die baan krijgt waar jij op gehoopt had, een verhuizing, een huisdier dat overlijdt, een vriendschap die eindigt. Onverwerkte verliezen kunnen zich gaan opstapelen, een nieuw verlies verergeren en gecompliceerder maken.

Het opschrijven van mijn persoonlijke verliezen veroorzaakte een lawine van emoties; de intensiteit van die diep verborgen emoties kostte enorm veel energie. Rouwverwerking was behoorlijk 'zwaar' werk!
Ik vergeleek het met een diepe fysieke wond. De mijne was diep en gecompliceerd (vanwege de burnout) en ik moest mijn uitgeputte lichaam en emoties de tijd gunnen om te herstellen.

Langzaam maar zeker kwam ik meer buiten, maar was altijd weer blij om thuis te komen, daar voelde ik me veilig. Contact met anderen die ook verlies hadden meegemaakt, leerde me het belang zien om de weg van het verdriet tot het einde door te lopen.
Een echtpaar dat hun tienerdochter verloren had door een verkeersongeluk, liep helemaal vast in hun verdriet. Ook al hadden ze nog een ander kind en zelfs kleinkinderen, voor hen hoefde het leven niet meer. Hun leven was doelloos geworden. Ze leefden, maar zonder vreugde of vervulling te ervaren. Wat had ik medelijden met hen!
Een weduwe vertelde dat haar man het middelpunt van haar bestaan was geweest. Hij had altijd voor haar gezorgd. Toen hij overleed na een kort ziekbed, hield ook haar leven op te bestaan. Voor haar lag een sombere toekomst van het alleen oud worden, terwijl haar enige zoon bezig was met zijn eigen leven. Haar familie woonde in een andere stad en haar schoonfamilie was alleen geïnteresseerd in het geld van het bedrijf van haar man. Wat een hopeloze toekomst!
Gelovigen kunnen een soortgelijke situatie meemaken, maar als we Christus het middelpunt van ons leven maken, dan neemt Hij ons bij de hand en geeft ons de dagelijkse portie kracht die we nodig hebben om die dag te leven. In Hem hebben wij een toekomst en hoop!

Oktober 2009
Twijfel sloop mijn hart binnen. *Is het werkelijk uw wil, Here, dat we een nieuw kind opnemen?*
Ik zag vreselijk op tegen het opnieuw rennen, vliegen, de stress, de crises die ongetwijfeld zouden komen, de fysieke kracht die nodig zou zijn om voor een lichamelijk gehandicapte vijftienjarige jongen te zorgen. Ik voelde me krachteloos – de rekening die ik gepresenteerd kreeg doordat ik jaren lang op mijn tenen gelopen had.

God kende onze harten, onze bereidwilligheid eén onze beperkingen.

Heer! Ik heb een antwoord nodig! bad ik. *We moeten beslissen – ja of nee. Ik kan zo niet langer doorgaan. Ik ben bereid om het te doen, maar voel dat ik het niet meer kan opbrengen.*

Het antwoord kwam via een verlate reactie op onze nieuwsbrief:

> *"Ik lees jullie brieven nu al een paar jaar en heb de indruk dat je al heel lang op je tenen gelopen heb. Ik denk dat je een hele lange tijd nodig hebt om uit te rusten. Hoogst waarschijnlijk heeft de Heer iets anders voor jullie in petto, iets dat fysiek niet zo zwaar is. En je schrijfbediening – zou je daar ook niet meer tijd voor nemen?"*

Het was waar. Ik verlangde er naar meer tijd te besteden aan mijn schrijven. De eenvoudige versie van Na'ils boek "Just do It!" had mensen aangeraakt en ik wist dat ik mijn door God gegeven talenten moest gaan gebruiken. *Dank u Heer, voor dit antwoord!*

Nadat we de beslissing hadden genomen om geen andere kinderen meer op te nemen, keerde de vrede weer in mijn hart. Hadden we dan niet goed geluisterd? Was het onze verbeelding geweest, of ons persoonlijke verlangen? Ik geloof dat God dit 'verzoek' gebruikt heeft om me uit die periode van hopeloosheid te halen.

Mijn gezichtsveld werd verruimd en we stonden open voor nieuwe avonturen. Het had me omgedraaid, me weer op m'n voeten gezet, hernieuwde hoop en energie gegeven. De jongen in kwestie had er niet onder geleden, want we hadden hem niets verteld. We waren dankbaar dat we er niet één-twee-drie ingesprongen waren, dat we rustig de tijd hadden genomen, en geluisterd hadden naar onze maatschappelijk werkster die ons steeds aanraadde het rustig aan te doen.

Voor de verandering waren we in staat geweest het 'geheim' voor ons zelf te bewaren, we hadden er niet met anderen over gesproken, behalve dan met de mensen die erbij betrokken waren.

We wisten dat we een nieuw seizoen van ons leven binnengingen. Onze financiële zekerheid hoefde niet te rusten op een zorgvergoeding voor een nieuw pleegkind. God zou voorzien – we moesten Hem vertrouwen.

2 februari 2010 - Na'ils *Yahrzeit* – de eerste 'verjaardag' van zijn overlijden. Mijn mond viel open toen ik *Wisdom for the Way (Wijsheid voor onderweg)* door Charles Swindoll, de tekst van die dag las:

"Vier het Leven!" was het thema van die dag – hetzelfde thema dat ik gekozen had voor het verhaal over Na'ils leven.
Wim en ik wisten dat we een lange weg hadden afgelegd sinds die noodlottige dag in februari 2009. Ons leven ging door, maar we kozen ervoor de herinnering aan Na'il levend houden.

Als je een verlies hebt geleden, zal je nooit meer 'de oude' worden.
Het is een lang proces, maar ik hoop dat de weg van het verdriet me zal helpen om anderen, die soortgelijke situaties meemaken, te begrijpen en bemoedigen.
Ik weet dat mijn geloof in God sterker is geworden en dat ik sterker uit de strijd tevoorschijn gekomen ben.
De Here God kan onze gebrokenheid gebruiken om anderen te helpen genezen. Hen te laten weten dat er hoop is!

Dus als je aan het rouwen bent en iemand zegt je dat er een tijd zal komen dat je 24 uur lang niet aan je verlies zult denken, dan kan ik uit ervaring zeggen dat het werkelijk zo is. Wat ik ook geleerd heb is dat je in een rouwperiode geen behoefte aan 'preken' hebt.

Het enige wat je dan nodig hebt is een luisterend oor of een schouder waar je op uit kunt huilen, of gewoon een arm om je heen.
Verdriet moet vloeibaar worden, anders gaat het stollen! We hebben mensen nodig waar we onze ervaringen mee kunnen delen, herkenbare situaties die ons steun geven tijdens onze reis van verdriet. Hoe hard hebben we dit soort mensen nodig. En helaas zijn die er maar zo weinig! Wij kunnen een voorbeeld zijn.

Wat een troost te weten dat we de weg van het verdriet niet alleen hoeven te bewandelen – onze hemelse Vader zal ons nooit verlaten! Zoals Wim onze kleine jongen in zijn armen hield, zo mogen wij ook schuilen bij de Rots der Eeuwen, onze eeuwige Schuilplaats. Hij is onze kracht en in Hem mogen we rusten. Als een kind, in de veilige armen van zijn vader.

Tien verdriet's fasen

(Uit het boekje: *Good Grief*, door Granger E. Westberg.)
Deze fases zijn willekeurig en vinden zelden in deze volgorde plaats.

1. **Schok** – Gods manier om ons te helpen de grimmige realiteit stukje bij beetje aan te kunnen.
2. **Emoties** – huilen is er een van. We moeten onszelf toestaan onze emoties te tonen – het zal het genezingsproces helpen.
3. **Depressie** – hoort bij 'gezond' verdriet. Het voelt alsof er iets tussen de zon, jou en God is gekomen. Het is van voorbijgaande aard, ook al zie je het op dat moment niet.
4. **Fysieke klachten** - Psychosomatische symptomen komen vaak voor wanneer mensen geen werk maken van hun verdriet.
5. **Paniek aanvallen** - je niet kunnen concentreren, gefixeerd en geobsedeerd zijn door het verlies. Als je blijft rondwentelen in je verdriet zal dit het rouwproces onnodig verlengen.
6. **Schuldgevoelens** – is een normale reactie. 'Ik heb niet genoeg gedaan!' of 'ik had dit of dat moeten zeggen!'
7. **Boosheid en weerzin** – de schuld op iemand anders proberen te schuiven, een zondebok zoeken om je boosheid en pijn op af te reageren.
8. **Weigeren terug te keren** – bevroren zijn in je verdriet. Weigeren om de persoon die je verloren hebt te zien met zijn lek en gebrek. De overledene op een voetstuk plaatsen, hem tot een heilige maken.
9. **Hoop** – de donkere wolken beginnen te breken en lichtstralen door te laten.
10. **Realiteit bevestigen -** ook al gaat de worsteling van het rouwproces nog door, we leren ondanks het verlies verder te gaan met ons leven.

Verdriet gaat een lange weg

1. Erken en begrijp je verdriet. Geef toe dat je het hebt en praat er over.
2. Identificeer je noden – fysiek, emotioneel en geestelijk. Communiceer je noden en sta anderen toe je op een concrete manier te helpen.
3. Verwerk je verdriet op je eigen manier en in je eigen tempo – jijzelf en je pijn zijn uniek!
4. Praat (of schrijf) over je verdriet. Dat is nodig om een stuk genezing te ervaren. Doe kalm aan en laat verdriet zijn eigen koers bepalen.
5. Ook al doet het vreselijk pijn, kies er voor om de weg van het verdriet te vervolgen. Alleen dan zal je deze kunnen beëindigen. Dat is een wilsbeslissing en bewuste keuze.
6. Zoek anderen op die ook rouwen en bezig zijn een verlies te verwerken. Daardoor zal je op jouw beurt ook bemoedigd en gezegend worden.

Vertrouw op de HEERE
met heel je hart,
en steun op je *eigen* inzicht niet.
Ken Hem in al je wegen,
dan zal Hij je paden rechtmaken.

Spreuken 3:5,6

Het belang van een flinke huilbui

"Wat zeep voor het lichaam is, zijn tranen voor de ziel."
Joods spreekwoord

Volgens de wetenschappers is huilen een natuurlijke manier om toxines vrij te laten komen die geassocieerd worden met 'goede' en 'slechte' emoties. Stresstranen bevatten ACTH, een hormoon dat geassocieerd wordt het hoge bloeddruk, hartproblemen, maagzweren en condities die veroorzaakt worden door stress. Als we proberen deze emoties te onderdrukken of te bedwingen, zal dit vroeg of laat leiden tot een vulkaanachtige explosie. Als we het deksel er op zetten, wordt de druk binnenin alleen maar opgebouwd. Wanneer dan de uitbarsting plaatsvindt, is deze vaak niet meer te stoppen. Jezelf 'vermannen' om niet te gaan huilen kan het genezingsproces afremmen.

Huilen verwijdert giftige bestanddelen die tijdens emotionele stress worden opgebouwd. Het verlaagt het magnesiumpeil in het lichaam, een mineraal dat het humeur beïnvloedt. Bepaalde chemicaliën, die tijdens stress worden opgebouwd en door tranen verwijderd worden, zorgen er in feite voor dat stress verlaagd wordt. Deze bevatten een bepaald endorfine dat helpt pijn te controleren. Samenvattend: tranen verminderen stress, verwijderen toxines en helpen in toenemende mate het lichaam zichzelf te genezen.

We huilen vaak wanneer het onmogelijk is om onze complexe, overwel-digende emoties onder woorden te brengen – onze tranen bevochtigen de ziel. "De stille taal van verdriet" noemt Voltaire het, en volgens Shakespeare "maakt huilen het verdriet minder diep."
"Tranen zijn de veiligheidsklep van het hart als er teveel druk op komt te staan," (Albert Smith.) Daarom "bloedt tranenloos verdriet inwendig." (Christian Nevell Bovee.) Huilen zorgt er vaak voor dat we ons beter voelen, ook al zijn de omstandigheden niet verandert. "Tranen zijn Gods geschenk aan ons," zei Rita Schiano.

We zouden gewoon wat vaker een potje moeten janken!

"Hij heeft alles op zijn tijd mooi gemaakt...."
Prediker 3:11 HSV

Voordat we ons vierde gehandicapte pleegkind voor de eerste keer te zien kregen, had de maatschappelijk werkster ons gewaarschuwd dat we zouden schrikken.
Ze had gelijk – we kregen een schok, maar keken toen meteen verder dan het passieve kindje met de lege ogen dat op de vloer lag. We zagen een kostbaar mensenkind die heel hard liefde en zorg nodig had. Hij was pas drie jaar oud en had al zoveel meegemaakt. Zijn jonge ouders konden zijn meervoudige handicap niet aan en zagen hem als een vloek van Allah. Na'il was geboren met een weinig voorkomende combinatie van twee syndromen, waarvan een mismaakt uiterlijk er een van was.

Al meteen de eerste keer dat we hem mee naar huis mochten nemen, voelde het doofstomme kindje zich thuis. De drie oudere pleegkinderen waaruit ons gezin toen bestond accepteerden hem meteen en zelfs de honden gaven de nieuwkomer een blij welkom.
Door de jaren heen, ondanks ogenschijnlijke tegenslagen, groeide Na'il op tot een ondeugend, vaak lachende jongen, die alles en iedereen verbaasd deed staan door de manier waarop hij problemen te lijf ging en de wijze waarop hij manieren vond om duidelijk te maken wat hij wilde.

Onze andere kinderen hadden donker haar en hun huid was ook donker. Mensen zeiden vaak dat Na'il het enige kind was dat op mij leek. Hij was gedeeltelijk albino, met wit haar, een lichte huid, blauwe ogen en een stralende lach. Ik beschouwde dat als een compliment en bewijs van Gods genade. Hij was aan het werk in het leven van dit bijzondere kind.

Wij zagen zijn 'schoonheid', zijn lieve karakter en kostbare ziel, maar werden er vaak wreed aan herinnerd dat zijn uiterlijk een schrikreactie kon veroorzaken. Sommige mensen wendden vol afkeer hun gezicht af, terwijl kinderen vaak gillend wegrenden.

Als dat gebeurde was ik dankbaar dat Na'il doof was en die reacties niet kon horen.
Maar wij en de professionals die met hem werkten en de mensen die hem accepteerden zoals hij was, zagen hem als een prachtige bloem, die iedere dag zijn zoete geur verspreidde. Overal waar hij kwam raakte Na'il mensen door zijn vriendelijke en zachte aard, gewoon door zichzelf te zijn.

We leven in een wereld waar mensen duizenden euro's besteden aan faceliften, diëten en dingen waardoor ze er 'perfect' uitzien. God houdt er echter een andere mening op na. 1 Samuel 16:7:

Het is namelijk niet wat de mens ziet,
want de mens ziet aan wat voor ogen is,
maar de HEERE ziet het hart aan.

We kwamen tot de ontdekking dat mensen die met gehandicapten werkten, of zo iemand in de familie hadden, ons kereltje altijd met open vizier benaderden.
Hij reageerde dan ook altijd meteen heel positief op hen. Soms vroegen moedige, nieuwsgierige kinderen wat hem mankeerde. Die vond hij ook altijd leuk.

Ik had medelijden met diegenen wiens angst voor het onbekende hen de zegen deed mislopen van het leren kennen van een kostbare ziel. Het enige wat ze moesten doen was verder kijken dan zijn mismaaktheid, in zijn hartje.

Dan zouden ze een jongetje zien dat door de wereld verworpen werd, maar in Gods ogen, en die van ons, mooi was gemaakt.

Literatuur lijst

- Westberg, Granger E.. *Good Grief*. Gift ed. Minneapolis: Augsburg Fortress Publishers, 2004.
- Dunn, Bill, and Kathy Leonard. *Through a Season of Grief: Devotions for Your Journey from Mourning to Joy*. Waco, TX: Thomas Nelson, 2004.
- Chalfant, Nancy Doyle. *Child of Grace: A Mother's Life Changed by a Daughter's Special Needs*. Columbia: H. Shaw, 1988.
- Harris, Trudy. *Glimpses of Heaven: True Stories of Hope and Peace at the End of Lifes Journey*. Grand Rapids, MI: Revell, 2008.
- Johnson, Barbara. *Splashes of Joy in the Cesspools of Life*. Lrg ed. Waco, TX: Thomas Nelson, 1996.
- Johnson, Barbara. *Fresh Elastic for Stretched-out Mums*. Grand Rapids, Michigan: Zondervan, 1996.
- Lush, Jean , and Pam Vredevelt. *Women and Stress*. Eleventh printing ed. Grand Rapids, Michigan: Revell, 2002.
- Newenhuyse, Elizabeth Cody. *Sometimes I Feel Like Running Away from Home.* Minneapolis: Bethany House Publishers, 1993.
- Swindoll, Charles R.. *Stress Fractures*. Harpenden: Scripture Press, 1991.
- Swindoll, Charles R.. *Encourage Me*. Grand Rapids, Michigan: Zondervan, 1993.
- Swindoll, Charles R.. *Three Steps Forward, Two Steps Back*. Revised ed. Waco, TX: Thomas Nelson, 1998.
- Swindoll, Charles R.. *God's Provision In Time Of Need*. Waco, TX: Thomas Nelson, 2001.
- Williams, Sarah. *The Shaming Of The Strong: The Challenge of an Unborn Life*. Colorado Springs, CO: Kingsway Communications Ltd., 2006.

MLA formatting by BibMe.org.

Weer of geen weer, Na'il wilde altijd naar buiten!

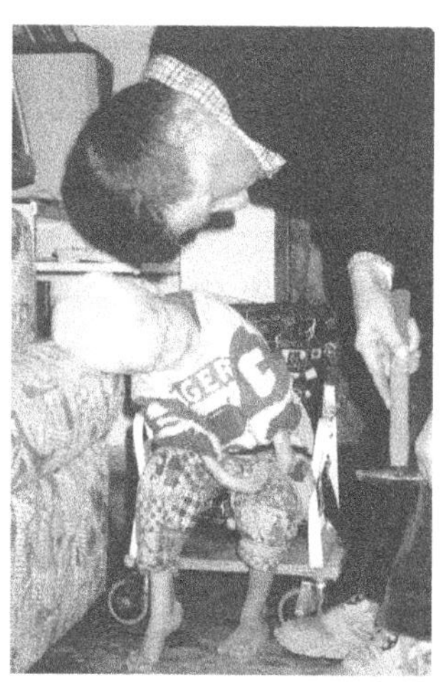
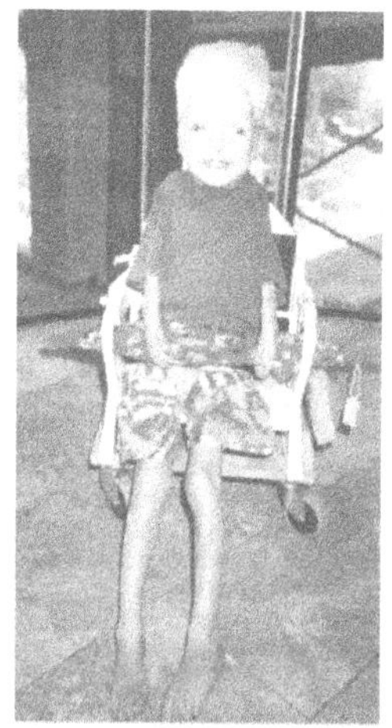

Op een Sjabbatmorgen had Na'il een balpen gevonden.
Op school hadden ze hem geleerd met zijn mond te 'tekenen. Eerst probeerde hij het uit op zijn benen - in de foto rechts zit hij in een poppenwagentje.
Daarna kreeg de muur een beurt. Dat was toch eens prachtig!

Een kind met zo'n ontdeugende grijs kan je toch niet straffen?
Hij kreeg een dike omhelzing van mij!

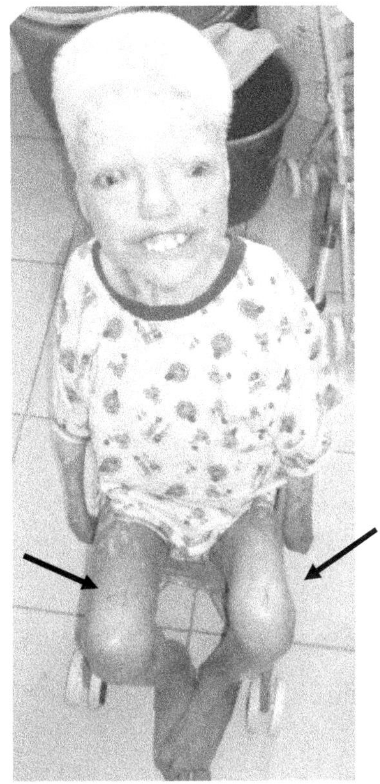

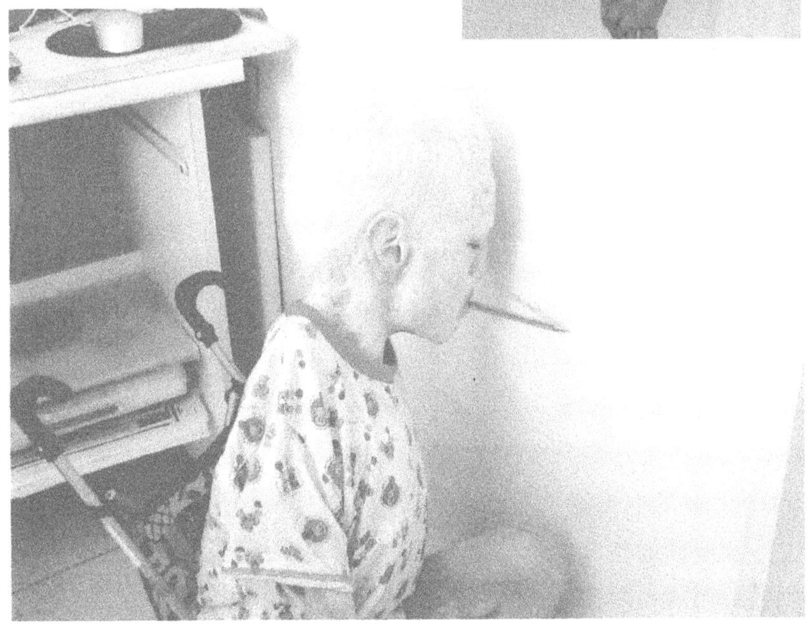

www.ingramcontent.com/pod-product-compliance
Ingram Content Group UK Ltd.
Pitfield, Milton Keynes, MK11 3LW, UK
UKHW021652190726
13853UKWH00001B/222